Prólog

Benjamín Rivera

Soluciones prácticas
para vivir tu vida
al Máximo

Soluciones prácticas para vivir
tu vida al máximo

Benjamín Rivera

Estructura y redacción: Kathryn Raschke Martínez

Arte de portada: Luis Zeno

Arte de interior: Luis Bravo

Fotografía: Julio González

Bestsellersmedia

Vive más
Soluciones prácticas para vivir tu vida al máximo
ISBN: 978-1-5323-0782-9
© 2016 por Benjamín Rivera
Publicado por Vive Más, Inc.
1+ (954) 445.6744
benjaminrivera@mac.com

Comentarios sobre
Vive Más

He participado en muchas facetas de la vida de Benjamín Rivera. Pensar en él me provoca una sana sonrisa. Como observador distante lo vi soltero, lo vi casarse, lo vi cantando, predicando, pastoreando, como esposo, como hijo, y como padre. Lo encontré en tiempos de alegría y en tiempos de dolor, en tiempos de abundancia y en tiempos de escasez. Pero debo testificar que siempre lo encontré creyendo, creando y luchando. Hoy lo he vuelto a encontrar, y esta vez está escribiendo. Leamos lo que escribe porque este libro debe ser como su vida: intenso y provechoso.

Dr. Luis Ángel Díaz-Pabón
Autor y editor general de La Biblia del Pescador
Florida, EEUU

Vive Más no es un libro de autoayuda al uso, aunque al recorrer sus páginas encontrará raudales de motivación e inspiración. Las páginas que conforman este volumen componen una hoja de ruta precisa y preciosa que llevará al lector a una dimensión de vida basada en la integridad y la excelencia. Porque conozco al escritor y conozco el escrito, recomiendo fervientemente la lectura de este libro. La Biblia está presente en el corazón de cada consejo que Benjamín Rivera nos traslada, convirtiendo de este modo a *Vive Más* en una obra trascendente a la vez que relevante… trascendente porque toca el cielo; relevante porque pisa la tierra de nuestro corazón, dejando en él huellas indelebles.

Pastor José Luis Navajo
Autor de *Lunes con mi viejo pastor*
Madrid, España

En un mundo invadido por la fantasía de un apocalipsis de Zombies, con cine que nos enseña un futuro donde las ciudades son transformadas a ruinas por algún extraterrestre y viviendo nuestra realidad donde lo malo es llamado bueno y lo bueno malo, ¡alguien tiene que decir lo contrario! He conocido a Benjamín por muchos años. Sus canciones han llenado el corazón de miles y miles de personas alrededor del mundo hispano y ahora atrapará la imaginación de una nueva generación con una palabra de esperanza. Alguien tiene que decirle a los jóvenes lo que pueden hacer, alguien los tiene que inspirar.

¡Gracias Benja! Gracias por escribir este libro, ya era necesario. ¡Vive Más!

Junior Zapata
Autor, Educador y Comunicador
Guatemala

Leer este libro me reafirma que la vida es un regalo que Dios nos otorga, no simplemente para que la tengamos, sino para que la vivamos al máximo en Él, y así podamos alcanzar el propósito por el cual fuimos creados. En *Vive Más*, el reconocido cantante, ministro y mentor, Benjamín Rivera, nos comparte un mensaje extraordinario, lleno de una fe contagiosa que nos invita e inspira a ver la vida de una perspectiva distinta, pero muy bíblica. A su vez nos anima a vivir nuestras vidas de tal manera que le traigamos una sonrisa al rostro de Dios, y que cause un impacto en el mundo en que vivimos… Porque nacimos para cosas grandes en Él.

Julissa
Salmista, Autora y Comunicadora
Texas, EEUU

Inquieto, incisivo, directo, casual, creativo, jocoso, comprometido y fiel a la Palabra de Dios. Así describo a Benjamín. Si me piden cómo describir su libro, la descripción sería la misma: inquieto, incisivo, directo, casual, creativo, jocoso, comprometido y fiel a la Palabra de Dios. Benjamín Rivera es parte de una generación de niños, adolescentes y jóvenes que crecieron en los últimos años antes de este milenio. Les puedo llamar "Rebeldes defensores de las causas divinas" para estos tiempos. Chicos con una rebeldía divina, que invaden las escuelas, las plazas públicas, los centros comerciales, las cárceles, a veces gritando, a veces suplicando, llorando bajo el fuego de Dios, para producir cambios en la vida de la gente. Ellos están resucitando a muchos muertos en la fe; están rescatando a gente que agonizan en vida, frustrados con "la religión". Benjamín es uno de esos guerreros contemporáneos que están conquistando a miles para el Reino de Dios por el mundo entero. Bueno, pues este libro contiene el concentrado de ese mensaje para las generaciones del nuevo milenio: *Vive Más*. Vive tu vida al máximo para Dios.

A Benjamín le tomó 30 años la recopilación de experiencias para escribirlo; a mí, 30 segundos recomendarlo, y usted en 30 minutos nunca se arrepentirá de haberlo leído.

Dr. Edwin Lemuel Ortiz
Pastor, Autor, Comunicador y Presidente
de Génesis Media Group
Pembroke Pines, Florida, EEUU

Una buena vida no es producto del azar, sino de una serie de buenas decisiones en el momento adecuado. *Vive más* es un llamado a vivir con intensidad cada momento de nuestra corta vida. Viene de la pluma de un buen amigo que ha sabido hacer de Jesús la base para una vida llena de bendiciones. Durante años sus canciones han inspirado a muchos jóvenes a vivir radicalmente los valores cristianos, y ahora con este libro nos inspira a sacar el máximo provecho a la vida al vivir sabiamente. Atrévete a leer, y arremete a vivir más.

Pastor Rony Madrid
VidaReal.tv
Autor y Pastor Iglesia Vida Real
Guatemala

¡Vive Más!

(Autor: Cristian Gastou)

Hay tiempo para andar
y tiempo para sentarse a meditar
en lo que vendrá.

Hay tiempos para llorar
pero hay tiempos también para reír y celebrar, y son muchos más.

Todo cambia en la vida,
lo que existe hoy en día ya mañana no está.
Con agradecimiento eleva tu voz al cielo
por el tiempo en que estás.

Coro:
Ríe más, canta más
abraza la vida, disfrútala.
Sueña más y cree más
que todas las cosas te ayudarán.
Si al final el tiempo
no te espera ni un momento
no la dejes escapar… ¡Vive más!

Todo cambia en la vida
lo que existe hoy en día ya mañana no está.
Con agradecimiento eleva tu voz al cielo
por el tiempo en que estás.

Coro:
Ríe más, canta más
abraza la vida, disfrútala.

Mira bien a tu alrededor y verás
que hay muchas más cosas buenas
que las que no valen la pena.

Dedicatoria

A Dios, gracias por permitirme *Vivir Más*.

A mi esposa, Bernice Vélez, y mis hijas Laura Camila y Paula Sofía, que son el motor para vivir mi vida al máximo.

A mis padres, María Indart y el Pastor Benjamín Rivera, que hoy está en el cielo, y que me dejó la más grande herencia: el conocimiento de la verdadera vida abundante en Cristo.

A aquellos que directa e indirectamente enriquecieron este tema en mi vida: Pastor Edwin Lemuel Ortiz, Pastores Rodolfo y Otoniel Font, Pastor Cash Luna, Pastor Agustín López, Pastores Migdalia y Nelson Rodríguez, Pastor Rony Madrid, Pastor Ed Young, y mi hermano, Mike Rivera.

Tabla de contenido

PRÓLOGO

Hay quien dice que el rey Salomón estaba deprimido cuando escribió el libro de Eclesiastés, y que por eso repite constantemente la famosa frase: "Vanidad de vanidades, todo es vanidad". Yo no lo creo así. Al contrario, pienso que el predicador trata de hacer público un descubrimiento. Encontró la verdadera felicidad y el sentido de la vida en la búsqueda del Creador, y en esa búsqueda adquirió una visión universal absolutamente nueva para él: Solo el conocimiento de Dios puede llenar la existencia humana de esperanza, y sin Él no hay razón para vivir.

Esa es la realidad del ser humano. En medio de la desigualdad, las injusticias, las guerras, el terror y todas las circunstancias que invitan a la desesperanza, se levanta la fe en Jesucristo como la única solución para todos nosotros. Si no fuera por Jesús, existirían mil motivos para dejarse llevar por la desesperación, pero porque Jesucristo conquistó la vida eterna para nosotros en la cruz, podemos levantar nuestra cabeza, y saber que en Él tenemos y tendremos siempre la victoria.

Este libro contiene muchos consejos para la vida práctica, lecciones que te servirán de estímulo y te ayudarán a sobreponerte en momentos difíciles. ¿Son creíbles? Para responder a esta pregunta tendríamos que hablar del autor.

¿Qué puedo decir de él?

Pues diré que existen personas pesimistas, personas sobrias, personas optimistas…y después está Benjamín Rivera. Le conocí por primera vez en una gira musical, después de la cual vinieron muchas otras. Durante nuestros viajes solíamos discutir bastante acerca de temas bíblicos y doctrinales, y conservo la amistad que desarrollamos en aquellos días. Si tuviera que destacar alguna faceta de él, me quedo con dos:

Primero, una personalidad arrolladora que de entrada transmite la sensación de ser indestructible. Estoy convencido de que Benjamín ha atravesado situaciones complicadas en la vida. Y aunque la distancia me impidió estar más cerca en medio de algunas circunstancias duras, siempre le vi resurgir con ánimo renovado, con nuevas ideas y con mucha valentía, sacando fuerzas de flaqueza. Sé que lo que escribe en este libro no es nada extraído de un manual, sino de las cosas que él mismo ha experimentado y aprendido a lo largo de su camino.

La segunda faceta que me marcó de él es una generosidad que roza la extravagancia. Pocas veces he visto a alguien tan dadivoso sin motivo alguno, simplemente por naturaleza. Por eso pienso que es la persona adecuada para retar a cualquiera, y animarle a seguir adelante.

Cuando leas estos capítulos, recuerda que los escribe alguien que aprendió a superar situaciones difíciles en las que otros se hundieron, y lo hizo a través de la fe en Dios, combinando la alegría, el coraje y la generosidad que solo posee aquel que ha experimentado personalmente a Jesucristo. Gracias, Bengie.

Marcos Vidal
Autor, Pastor y Cantautor
Madrid, España

Introducción

Cuánto me alegra que este libro haya llegado a tus manos! Estoy seguro que cambiará tu forma de ver la vida. A medida que recorras sus páginas, el mismo cielo te llevará a comprender que aquí y ahora es el momento perfecto para comenzar a vivir más. Este es tu momento para que finalmente abraces la vida abundante que Él destinó para ti desde antes de la creación del universo.

Ya que vamos a hacer juntos esta jornada, te contaré un poco de mi historia. Soy hijo, hermano, esposo, papá y amigo. Pero sobre todas estas cosas, he sido bendecido con un regalo muy especial: soy portador del incurable virus de la fe y la esperanza.

Desde hace tres décadas, llevo este mensaje mediante la música, a las personas que necesitan un poco de luz en medio de un mundo tan obscuro.

Soy boricua. La tierra que me vio nacer es Puerto Rico, también conocida como la "Isla del Encanto". Curiosamente, siendo una pequeñita isla en el Caribe, ha logrado impactar al mundo exitosamente, en diversos ámbitos. La "perla de los mares" ha logrado sobresalir positivamente en el panorama global a pesar de su diminuto tamaño territorial.

Debo decirte que no importa cuán pequeños nos podamos sentir ante el mundo, el cielo nos ve como un tesoro destinado para lograr única y exclusivamente la excelencia.

«Las limitaciones existen solo en los pensamientos de aquellos que sucumben ante las garras del desaliento».

17

Fuiste específicamente diseñado para las alturas. Por tanto, debes comenzar a abrazar con todas tus fuerzas el regalo de la vida, para que de esta forma puedas comenzar a vivir mejor, y para que puedas vivir más.

Las limitaciones existen solo en los pensamientos de aquellos que sucumben ante las garras del desaliento. Sobre esta tierra existen dos tipos de personas: las que al llegar el día difícil solo logran ver obstáculos, y aquellas que deciden ver oportunidades.

Dice un refrán muy popular que "todo es según el color del cristal con que se mire". ¡Cuán cierto es y qué gran verdad! Elige hoy sobreponerte al pronóstico de las malas noticias; atrévete a mirar la vida a través del cristal de la fe y del optimismo. La recompensa de vivir mirando a través del prisma de la esperanza radica en la realización de nuestras aspiraciones e ilusiones. Dios siempre respaldará un corazón que abraza la fe.

Dentro de ti existe una cantidad ilimitada de recursos que ni te imaginas, los cuales fueron específicamente colocados en tu ADN para que seas más que vencedor sobre cualquier situación.

Doy gracias todos los días por la formación que Dios me permitió experimentar en mi hogar, y por el entorno donde crecí. Debido a las bases que recibí en mi casa, puedo decirte lo siguiente sin temor a equivocarme: no importa cuán humilde o sencillo sea tu trasfondo, tu comienzo no determina el final de tus días. No hay espacio para la derrota dentro de la ecuación divina trazada para tu paso por esta tierra.

¿Sabías que eres el autor de la historia de tu vida?

¡Sí, tú y nadie más que tú!

Mi deseo al presentarte este libro es que descubras la misión que Él te encomendó en esta tierra. Es mi oración que actives una vida a plenitud, y que vivas más excelentemente de lo que lo has hecho hasta hoy. El anhelo del corazón del Padre Celestial es que vivas de forma plena, abundante y cuantiosa.

1

¿Qué es la vida?

Para comenzar esta travesía literaria, debemos formularnos la siguiente pregunta: ¿Qué es la vida?

Para muchos académicos el concepto de la palabra "vida" tiene su origen etimológico en el latín *vita*, que a su vez procede del término griego *bios*. Ambas terminologías son aceptables al intentar definir la vida desde el lente escolástico. No obstante, esta idea es interpretada desde múltiples y diversas percepciones. Sin embargo, no importa los lentes con los que la miremos, la vida es un ciclo que posee un principio, un ascenso, un progreso, un descenso, y un fin.

Algunas religiones orientales describen la vida como un constante proceso, una continua transformación en el tiempo: un nacer, morir, y un continuo renacer.

Debo confesar que desde mi óptica cristiana no comparto la visión oriental de la reencarnación. Pero coincido sobre la idea de que renacemos todas las mañanas. Indiscutiblemente, renacemos cuando volvemos a abrir nuestros ojos cada día, porque Él nos concede un día más para ver brillar el sol.

Al acercarnos al tema de la interpretación del concepto de la vida, fácilmente podemos entender que todas las cosas y seres que nos rodean dentro de la naturaleza tienen vida.

Hasta las aguas del mar albergan seres con vida. Así que es apropiado resumir que como los peces y las aves del cielo nacen, crecen, se reproducen y mueren, así también le acontece al ser humano. Como seres humanos, Dios nos brindó la oportunidad de forjar un camino pavimentado por nuestras decisiones.

El médico y ensayista español, Gregorio Marañón, dijo:

"Vivir no es solo existir,

sino existir y crear,

saber gozar y sufrir

y no dormir sin soñar.

Descansar, es empezar a morir".

En fin, es trascendental internalizar que la vida es aquello que comprendemos como el espacio de tiempo que Dios nos regala para que podamos cumplir una misión específica aquí en la tierra de los vivientes.

Para mí es tan importante la palabra y el concepto "vida", que en el año 2003 cuando fundamos nuestra primera iglesia en Florida en los Estados Unidos, le llamamos Vida Doral.

Posteriormente en el año 2009, Dios nos entregó la encomienda de regresar a mi tierra natal, Puerto Rico. Allí fuimos para hacernos cargo de la iglesia que mi padre había fundado en la capital, San Juan, en el 1974. A esa congregación le llamamos Vida San Juan. Luego durante nuestro tiempo en la Isla creamos una fundación para ayudar a los niños del Residencial Manuel A. Pérez, llamada de la misma forma: Fundación Vida San Juan.

La palabra "vida" siempre ha sido significativa para nuestro ministerio, pues reconocemos su relevancia dentro del plan original de Dios para cada uno de sus hijos.

«El paraíso no es solamente
un lugar geográfico, sino un nivel de vida».

Para nuestro Padre Celestial fue tan importante el soplo de vida que vertió en sus hijos, que al hombre ser removido del paraíso por consecuencia de su pecado, Dios envió a su Hijo, no solamente para que muriera en la cruz del calvario y cubriera sus pecados, sino para darnos la oportunidad de regresarnos al paraíso, y devolvernos la vida abundante que inicialmente había diseñado para nosotros.

El paraíso no es solamente un lugar geográfico, sino un nivel de vida. Por eso Él dijo que vino para que tengamos vida, pero no cualquier clase de vida, sino una vida abundante en Él.

Por tanto, si aceptamos que el plan de Dios fue devolvernos el nivel de vida del paraíso, entonces no tendremos problema en aceptar que todo lo que Dios pretendió para ti desde el comienzo de la creación hasta hoy, es bueno. Todo lo que Él desea para tu existencia es positivo, abundante y noble. Los deseos del corazón del Creador siempre han sido, son y serán eternamente buenos.

Si admitimos como una verdad absoluta que Dios es amor, no tendremos ninguna dificultad en asimilar el concepto de que el eje principal de todas sus acciones para con nosotros es uno sano y positivo.

Para poder vivir y vivir más, debes abrazar la siguiente verdad sobre Dios: Él es un Padre bueno que jamás hará nada para dañarte. Cualquier otro concepto sobre Él está completamente divorciado de la realidad, y te despojará de la oportunidad de vivir una vida abundante.

Es vital destacar que para el único que el tiempo NO existe es para Dios, pues Él es infinito. Pero nosotros estamos limitados, y podríamos decir que hasta "atrapados" entre el tiempo y el espacio. A diferencia de Dios, quien es eterno, nuestras vidas se resumen en años, meses, días, horas y minutos.

Todos tenemos un tiempo determinado sobre la faz de la tierra, y nos toca ser buenos administradores de ese tiempo para maximizar nuestros pasos en este mundo.

Dijo el Rey David, afirmando este postulado sobre la fragilidad del tiempo para el ser humano:

> «Diste a mis días término corto y mi edad es como nada delante de ti; ciertamente, es apenas un soplo todo ser humano que vive» (Salmo 39:5 RVR 1995).

Ese "soplo" del cual habla David es tu tiempo y tu espacio dentro de este Universo. Ese regalo que tienes en tus manos, solamente tú puedes decidir cómo lo usarás.

Con el soplo de vida de Dios, podrás alcanzar una vida plena y abundante, aunque también puedes optar por dejar que transcurran sin sentido las horas y los minutos. Desafortunadamente muchos viven así, dejando que la vida les pase por delante como si fuera un sueño, y cuando despiertan suele ser en el ocaso de sus vidas. Entonces quieren hacer un millón de cosas, pero el tiempo les traiciona.

«Con el soplo de vida de Dios,
podrás alcanzar una vida plena y abundante».

Tienes ante ti el gran reto de ver cómo se forja la historia, o de convertirte en una de las personas que escriben el curso de la misma. El mundo está compuesto de dos tipos de personas: los que ven las cosas suceder, y los que hacen que las cosas sucedan.

Cualquiera de las opciones antes mencionadas, las puedes ejecutar hasta que regrese a la tierra lo que a la tierra le pertenece, y tu alma sea llamada a la presencia del Creador.

No olvides que somos espíritu, alma y cuerpo. Ciertamente nuestras almas son eternas, pero nuestro paso por la tierra no lo es.

2

La brevedad de la vida

«El tiempo no te espera ni un momento».

Sobre el concepto del tiempo, un filósofo griego llamado Séneca redactó una pieza literaria llamada *La brevedad de la vida*. La misma ha transitado por todos los Departamentos de Humanidades de las más prestigiosas universidades del planeta.

El propósito del escrito de Séneca era confrontar a sus lectores ante la siguiente interrogante:

"¿La vida es corta o no hacemos buen uso de nuestro tiempo en la tierra?"

El pensador griego postuló sobre nuestro dilema acerca de la administración de nuestro tiempo sobre esta tierra, aseverando que realmente no debemos perder el tiempo en asuntos que no lo ameritan, sino que debemos procurar tener metas personales que mantengan nuestro valioso tiempo justamente bien invertido. Otro postulado que emite es la división del tiempo entre pasado, presente y futuro.

Meditando sobre lo que Séneca nos postula, recordé que en una ocasión una mujer muy preocupada se me acercó, y me pidió que orara por ella para que Dios le extendiera al día algunas horas extras.

Aquella dama me pidió esa oración porque ella sentía que no le estaba dando el tiempo para realizar todas las cosas que debía cumplir en el día.

Entonces comencé a orar por ella, pidiéndole al Señor que le diera un espíritu de organización. Oré para que aquella mujer pudiera hacer uso de las 24 horas que Dios ya había diseñado para ella. Le pedí al Señor que le otorgara la capacidad de administrar sus horas correctamente, sacándole el máximo a cada día que viviera.

«La 'brevedad de la vida'
no es otra cosa que nuestra
mala administración del tiempo».

Debo coincidir en su postulado con mi amigo, el filósofo griego. En muchas ocasiones, lo que podemos percibir como la "brevedad de la vida" no es otra cosa que nuestra mala administración del tiempo.

De las palabras del filósofo Séneca sobre este concepto del tiempo dividido en tres particiones, debo aceptar que hago mías sus palabras cuando dijo: "De estos, el presente es brevísimo; el futuro, dudoso; el pasado, cierto".

No vivas en el ayer porque ya pasó, ni vivas en el mañana porque aún no ha llegado. Vive en el presente que Dios te ha regalado hoy.

Sin embargo, también me parece pertinente compartirte las palabras del proverbista que dijo lo siguiente sobre la medida de nuestro tiempo:

> *«Hijo mío, no te olvides de mi ley, y tu corazón guarde mis mandamientos; porque largura de días y años de vida y paz te aumentarán. Nunca se aparten de ti la misericordia y la verdad; átalas a tu cuello, escríbelas en la tabla de tu corazón; y hallarás gracia y buena opinión ante los ojos de Dios y de los hombres».*
> Proverbios 3:1-4

En esta porción escritural, el proverbista nos está instando a guardar la Palabra del Eterno dentro de nuestros corazones. Nos indica que la consecuencia de preservar la Palabra de Dios será la prolongación de nuestros días. Si decidimos vivir administrando nuestro tiempo de acuerdo a las ordenanzas del cielo, tenemos garantizado que la misericordia y la verdad no se alejarán de nosotros.

LA BREVEDAD DE LA VIDA | 25

Dios está casado con su Palabra, y ha prometido que si la escribes en "las tablas" de tu alma, tendrás una vida plena y un buen nombre ante los hombres.

Ante la brevedad de la existencia humana, te invito a meditar en los siguientes conceptos como tarea personal de introspección. Es crucial que encuentres tu propósito. Es vital que definas tu enfoque y establezcas prioridades.

Cuando Dios te haya brindado revelación de su propósito para tu vida, estarás apto para enfocarte en él, estableciendo prioridades de forma consciente. Mi oración por ti será la misma que hice por la dama que deseaba que Dios le añadiera horas al día.

Oro que te transformes en un extraordinario administrador del tiempo, y que el Espíritu Santo derrame sobre ti un manto de organización que te permita maximizar tu existencia. Declaro que tus días serán maximizados de hoy en adelante, en el poderoso nombre de Jesucristo.

Antes de culminar este espacio de reflexión sobre la brevedad de la vida, me parece muy importante regalarte una anécdota personal que te brindará luz sobre este tema.

En una ocasión, mi esposa y yo compramos una propiedad en la Florida. La misma poseía un patio sumamente grande: un acre de terreno. Nuestra casa vino con una máquina de cortar grama tipo carro, para uno montarlo. Recuerdo que las primeras semanas me encontraba muy emocionado de cortar la grama porque era mi primera experiencia con una de esas máquinas y un terreno tan grande. El cortar aquella grama me tomaba un par de horas para realizar todo aquel trabajo por completo.

«Es vital que definas tu enfoque y establezcas prioridades».

En uno de esos días, llegó un grupo de trabajadores a la casa de mi vecino. Ellos eran de una compañía de cortar grama. Aquellos muchachos poseían máquinas similares a la mía, y otras un poco más adelantadas. Lo que a mí me estaba tomando horas realizar, ellos lo hicieron en unos 15 a 20 minutos.

Desde aquel día en adelante me convertí en el mejor cliente de esa compañía, y con un ejemplo tan sencillo comencé a internalizar que la vida es demasiado breve. Tenemos la responsabilidad de identificar las oportunidades y los recursos que nos facilitan la maximización del uso de nuestro tiempo.

Ciertamente para vivir más, necesitamos administrar nuestras horas correctamente. Por tanto, debemos procurar sacarle el mejor de los provechos a nuestro paso sobre la faz de la tierra. Todos en este mundo contamos con el mismo tiempo. El tiempo es quizás lo más equitativamente repartido en la vida. La diferencia estriba en lo que hacemos con ese tiempo.

Cuando pones en perspectiva las actividades a las que les dedicas algo de tiempo diariamente, quizás veas como una decisión sabia eliminar las que obviamente no valgan la pena. Empieza por identificar cuánto tiempo inviertes frente al televisor, en la Internet, en Facebook, en los videojuegos, en el teléfono, etc. ¡Cuánto tiempo perdemos en actividades que realmente no valen la pena! Aprende a establecer prioridades en tus actividades. Finalmente, reemplaza las actividades que no son importantes, por otras que te beneficien de alguna manera más provechosa.

3

De negativo a positivo

El cielo es el límite para ti, si te has decidido a vivir intensamente, y a vivir más. Independientemente de aquellos capítulos difíciles que has tenido que enfrentar, tu existencia está evidentemente marcada positiva o negativamente por esas decisiones que tomas en tu caminar por esta tierra. De igual forma tus decisiones están sumamente relacionadas a tus pensamientos. Por ejemplo, no podemos evitar que nos golpeen las tormentas de la vida, pero sí podemos decidir cómo las enfrentaremos.

Te contaré que hubo un hombre que fue despedido del periódico *Kansas City Star*, bajo el alegato de tener falta de imaginación. Este hombre no permitió que este evento cancelara el potencial que él sabía que poseía. Es por esta razón que Walt Disney no se rindió. Este visionario persistió en sus sueños hasta convertirse en uno de los íconos de éxito más importantes dentro de nuestra sociedad moderna.

¿Cuán distinta sería tu vida si tus reacciones comenzaran a cambiar de negativo a positivo?. Estoy seguro que comenzarías a vivir, pero haciéndolo mucho más intensamente de lo que jamás has imaginado.

¿Qué pasaría si al ser despedido de un empleo, en vez de sentarte a llorar, te dieras la oportunidad de descubrirte?. Contemplándote ante la necesidad de sobrevivir, muy probablemente de pronto se despierte en ti el espíritu de un empresario, descubriendo que puedes emprender tu propio negocio.

«Ante la adversidad, activas tu fe
y le crees a Dios, o activas tus temores
y le das la espalda a sus promesas».

Es inevitable que la vida nos traiga días grises, pero es nuestra actitud, combinada con nuestros pensamientos, la llave que abre o cierra las ventanas de los cielos. La ecuación es simple. Ante la adversidad, activas tu fe y le crees a Dios, o activas tus temores y le das la espalda a sus promesas. ¿Por qué dudar de la Palabra de alguien que solo desea tu bienestar?

Para lograr ese cambio de pensamiento, debes girar el timón de tus pensamientos hacia la dirección correcta. Necesitas comenzar a verte con los ojos que Dios te ve. Él te diseñó para planes de excelencia. Él pensó en ti, y se sonrió deleitándose en la simple idea de que serías el reflejo de su imagen en la tierra, depositando en ti pensamientos de bien para hacer el bien.

Tal vez desconozcas que Dios te ha conferido el poder de llevar cautivos tus pensamientos. Por tanto, toma autoridad sobre tu mente, y decídete a meditar en sus promesas. Renueva tu mente por medio de su Palabra; grábala en las tablas de tu corazón.

«Destruimos argumentos y toda altivez que se levanta contra
el conocimiento de Dios, y llevamos cautivo todo pensamiento
para que se someta a Cristo» (2 Corintios 10:5 NVI).

"Las personas son tan felices como transforman sus mentes para serlo".
-Abraham Lincoln

Te invito a que decidas transformar tus pensamientos. Decide ser feliz; decide renunciar a la tristeza. Decide renunciar a todo lo que hasta hoy te ha detenido de vivir y de vivir más. Atrévete a ir por más. No te conformes.

¿Sabías? Toda acción antes de ser consumada fue una idea o un pensamiento. *"Cogito ergo sum",* "pienso y luego existo", dijo el filósofo sueco, René Descartes, considerado como el padre de la geometría analítica y de la filosofía moderna. Él enfatizaba el poder del pensamiento humano como fuerza motriz de la materialización de las aspiraciones, sueños y anhelos. Esta idea no está lejos del propósito de Dios. Él desea que alcances tus metas, pero que lo hagas de su mano y para su gloria.

"Lo que pensamos determina lo que somos y lo que hacemos, y, recíprocamente, lo que hacemos y lo que somos determina lo que pensamos", son palabras de Aldous Huxley, novelista y ensayista inglés. No podemos negar la sabiduría que encierran estas palabras, pues las mismas no son incompatibles con la Palabra de Dios. La Biblia dice en Proverbios 4:23 (TLA): *"Y sobre todas las cosas, cuida tu mente, porque ella es la fuente de la vida".*

«Decide traer a tu mente pensamientos que te construyan».

Al final del día, podemos concluir que nuestra mente es el asiento de nuestra alma, y que estamos llamados a cuidar de ese lugar como quien cuida un templo, donde solamente debe entrar la luz de Dios para iluminar nuestros pasos por esta tierra.

Decide traer a tu mente pensamientos que te construyan. No traigas a tu memoria cosas pasadas que te lastiman o palabras negativas que otros han confesado sobre ti. No recibas ideas negativas. Tú tienes el poder de decidir qué entra o no a tu mente.

> *«...No recuerden, ni piensen más en las cosas del pasado. Yo voy a hacer algo nuevo, y ya he empezado a hacerlo...».*
> Isaías 43:18-19 TLA

Nuestro Padre ya hizo las cosas nuevas para nosotros, pero para poder disfrutarlas, tenemos que dejar de mirar atrás, tenemos que renunciar al pasado, y renunciar al pacto con las memorias que nos atan.

Martín Lutero dijo: *"No puedes evitar que los pájaros vuelen sobre tu cabeza, pero sí puedes evitar que hagan nido en ella".*

Lo que el reformista implica es que inevitablemente, las ideas y pensamientos negativos siempre harán el intento de hacer nido en tu mente. Pero es tu decisión dejarlos plantarse allí, o sacudirte de todo lo que intente detenerte en tu progreso.

¡Tú tienes la innegable capacidad otorgada por el Creador de convertir los pensamientos negativos en positivos! Te compartiré una técnica que es conocida como "los tres segundos", basada en la filosofía de las tres 'R', que se ha aplicado a diversas áreas de la vida como los deportes, negocios, y pensamientos.

Me explico. Cuando un pensamiento llega a tu mente, en el primer segundo lo primero que haces es que lo "recibes", y determinas si es positivo o negativo, si viene de Dios o no. En el próximo segundo, si reconoces que es negativo, lo "rechazas". Por último, en el tercer segundo tienes el poder de "reemplazarlo" con otro pensamiento positivo.

Los siguientes elementos serán también cruciales para que puedas hacer transición eficaz de negativo a positivo en tu vida.

En primer lugar, decide que no invertirás más tiempo con personas negativas. Este tipo de personas solamente te drena tus energías, logrando desenfocarte de aquellos objetivos que realmente añaden valor a tu vida.

«¡No se dejen engañar! Bien dice el dicho, que "las malas amistades echan a perder las buenas costumbres».

1 Corintios 15:33 TLA

En segunda instancia, aprende a rechazar conscientemente todo pensamiento negativo o destructivo. Usa la Palabra de Dios como el filtro para determinar la valía de los mismos. Toma dominio sobre las ideas que golpean tu mente, y decide retener solamente aquellas cosas que te edifican, así como fortalecen tu fe.

Finalmente, llénate de fe. La fe viene por el oír la Palabra de Dios. Hoy día existen tantos recursos para escuchar la Palabra que no tenemos excusas para no hacerlo. Puedes usar la tecnología y sus diversas alternativas, como también tienes la opción de sentarte con una buena taza de café a sostener en tus manos la Palabra que alimenta tu espíritu.

Lo importante es que no dejes morir tu alma. Aliméntala de los pensamientos positivos que el Eterno ha provisto en su Palabra, y el dividendo será extraordinario.

«No se preocupen por nada. Más bien, oren y pídanle a Dios todo lo que necesiten, y sean agradecidos. Así Dios les dará su paz, esa paz que la gente de este mundo no alcanza a comprender, pero que protege el corazón y el entendimiento de los que ya son de Cristo. Finalmente, hermanos, piensen en todo lo que es verdadero, en todo lo que merece respeto, en todo lo que es justo y bueno; piensen en todo lo que se reconoce como una virtud, y en todo lo que es agradable y merece ser alabado».

(Filipenses 4:6-8 TLA)

4

Diseñados a su imagen

¿Sabías que la imagen que tienes de ti mismo afecta cómo te desenvuelves en este mundo? La forma en que nos percibimos determina la forma en que actuamos. Estas palabras inevitablemente traen a mi mente el gatito que se está mirando en un espejo, pero en el espejo ve a un león.

En la medida que te acerques a Dios y comiences una relación con su hijo Jesús, poco a poco comprenderás la magnitud de su amor. Uno de los favores de vivir en amistad con Él es la obtención de acceso directo a todos los beneficios que nos ofrece mediante la cruz.

Para que tu imagen propia sea restaurada de cualquier herida del pasado, quiero compartirte la siguiente verdad:

> *«Al que no conoció pecado, por nosotros lo hizo pecado, para que nosotros fuésemos hechos justicia de Dios en él».*
>
> 2 Corintios 5:21

¡Espectacular! Somos la justicia del cielo en la tierra.

«La forma en que nos percibimos determina la forma en que actuamos».

Muchas personas lamentablemente no conocen esta verdad porque han sido marcadas por otros con sus palabras o comentarios negativos desde temprana edad.

Si toda tu vida te dijeron que serías un bueno para nada, es muy probable que dentro de tu subconsciente esa idea se haya grabado, especialmente si esas palabras las expresó alguien que tenía un lugar especial dentro de tu vida. Ese es el detalle de las palabras; pueden penetrar hasta el alma dejando huellas casi imborrables.

Por muchos años recuerdo escuchar un refrán que decía: "Los palos y las piedras me pueden herir, pero tus palabras nada me pueden hacer". ¡Qué falacia tan grande!

Las palabras mal utilizadas, mal intencionadas, pueden ser más filosas que una espada, y dejar heridas profundas que laceren severamente la estima de una persona.

A veces menospreciamos el poder de las palabras. Sin embargo, nos conviene recordar que por medio de una palabra fue creado todo lo que existe. Si Dios ha depositado su imagen y semejanza en nosotros, nuestras palabras también tendrán poder.

En los últimos años hemos visto cómo dentro de las diversas esferas, particularmente académicas a nivel intermedio y superior, al igual que en el ámbito social en los Estados Unidos, se ha levantado un movimiento para evitar el abuso mediante las palabras degradantes. Esta modalidad de golpear a otros con el verbo se le conoce en inglés como *bullying*.

La persona que ejecuta este tipo de acción busca elevarse degradando al prójimo mediante el uso de palabras hirientes. Este tipo de conducta revela una muy baja autoestima por parte de quien lo ejecuta. Solamente una persona devaluada buscaría elevarse denigrando a los demás, porque desconoce su valor propio.

Indiscutiblemente, aun la Biblia nos confirma el poder que poseen las palabras, cuando nos dice:

«La muerte y la vida están en poder de la lengua».
Proverbios 18:21

Hoy más que nunca necesitamos tener una autoimagen saludable, pues enfrentamos un mundo que desconoce su identidad propia, y busca elevarse denigrando a los demás. No debemos perder nuestra esencia intentando fusionarnos con un mundo caído, y mucho menos buscar que nos valide. La única validación que tú y yo necesitamos proviene del cielo.

Si nuestra identidad y valor están claramente definidos en sincronía con el cielo, entonces usemos nuestras palabras para confirmar positivamente el valor de nuestro prójimo en cada oportunidad que tengamos.

¡Estamos en esta tierra para construir, y no para destruir!

Al igual que las palabras negativas pueden lacerar a una persona, una palabra buena tiene el poder de sanar, restaurar y reanimar. ¿Cómo te sentirías si supieras que una declaración positiva que salga de tu boca puede salvar y cambiar por completo una vida? ¡Cuán poderosas son nuestras palabras si están al servicio del bien!

> *«La única validación que tú y yo necesitamos proviene del cielo».*

El mundo, la creación y cada ser viviente fueron producto de un pensamiento convertido en Palabra del Creador. Él nos pensó, nos amó, y nos trajo a existencia dentro del universo tan solo con el poder de su Palabra.

Fuimos confeccionados a imagen y semejanza del Creador. Por tanto, la naturaleza de su pensamiento creativo está dentro de nuestro "ADN". Dentro de cada uno de nosotros está la capacidad ilimitada de pensar, soñar, amar y crear, de acuerdo al depósito que coloquemos dentro de nuestra mente y de nuestro corazón.

Por esta razón, debes cuidar tus oídos y tu corazón si deseas tener una vida de éxito. En muchas ocasiones olvidamos que somos la suma de aquellas influencias que nos rodean.

> *«…Piensen en todo lo que es verdadero, en todo lo que merece respeto, en todo lo que es justo y bueno; piensen en todo lo que se reconoce como una virtud, y en todo lo que es agradable y merece ser alabado. Practiquen todas las enseñanzas que les he dado, hagan todo lo que me vieron hacer y me oyeron decir, y Dios, que nos da su paz, estará con ustedes siempre».*
>
> Filipenses 4:8-9 TLA

5

Dime con quién andas...

"**E**res el promedio de las cinco personas con las que pasas la mayor parte del tiempo." Jim Rohn.

Creo que todos hemos escuchado alguna vez esa famosa frase: "Dime con quién andas y te diré quién eres". Dentro de la sabiduría popular, estas palabras resumen el concepto del efecto que producen aquellos que componen nuestro entorno, y cómo alteran el producto final de nuestro "yo". Te invito a hacer un ejercicio:

¿Cuánto tiempo inviertes con las cinco personas con quienes pasas la mayor parte del tiempo?

¿Puedes identificar si dichas personas te han ayudado, motivado o impulsado hacia alguna de tus metas presentes a corto y largo plazo?

¿Puedes identificar si alguna de estas personas es tóxica?

Haré una pausa aquí para explicarte el concepto de una "persona tóxica", y el peligro que la misma representa para ti en tu búsqueda de vivir una vida plena, y vivir más.

Cada una de las palabras que atendemos posee en diversas instancias la potencia de engrandecernos, o la tristeza de hacernos mermar como individuos.

Este detalle redunda en que las personas que tienen la posibilidad de utilizar sus palabras para llegar a nosotros también posean el deber de ser conscientes sobre su impacto, y de utilizarlas con sabiduría.

Luego de observar la conducta humana durante tantos años desde diversas ópticas, tales como el ámbito profesional, el descargue de mis funciones como pastor,
y en mis múltiples recorridos por diversos países, he llegado a la conclusión de que
las personas tóxicas son un "mal global" que ninguna nacionalidad o etnia puede
atribuirse.

«¡Cuidado con quién te asocias!
Podría cambiar el rumbo de tus días
para bien o para mal».

Te daré mi conclusión sobre este espécimen. Son personas que utilizan sus
palabras para causar daño, inducir desconfianzas, sembrar aflicciones, y provocar
lágrimas innecesarias o con la marcada intención de aventajarse a sí mismas. Son
seres portadores de negatividad que innecesariamente llevan dentro de su corazón
problemas, hábitos y actitudes destructivas.

Dichas portaciones internas pueden convertirse en un veneno con el cual con-
taminan a todo aquel que se asocie con ellos, haciéndolo en forma de catarsis y
desahogo propio.

Estas son las personas que todo el tiempo necesitan ser escuchados para solamente repetir sus tragedias personales como un "disco rayado". Ellos te repetirán
la lista de todas sus desventuras, chismes, críticas, y absolutamente nada de lo que
salga de sus bocas te construirá o bendecirá. Entonces ¿para qué prestarles el oído?
¡Cuidado con quién te asocias! Podría cambiar el rumbo de tus días para bien o
para mal.

De manera indirecta, tus núcleos definen de forma clara y evidente a lo que
aspiras. También hablan sobre ti como persona indirectamente, pues dejan al descubierto aquellas cosas que persigues en la vida, y las que estás dispuesto a aceptar
en tu ambiente.

«Nunca entregues a ciegas
las llaves de tu corazón».

Toma la firme decisión de rodearte de personas que te edifiquen; de cerrar-
le la puerta a todo ser tóxico que intente entrar a tu núcleo. Pero sobre toda cosa

guardada, cuida tu corazón. Si no cuidas tu corazón, corres el peligro de enlazarte emocionalmente con las personas erróneas. Los sentimientos no deben ser menospreciados nunca, pues poseen un ímpetu enorme.

En ocasiones lo que brota del corazón puede ser engañoso, y sobre todo puede drenar la fuente de los manantiales de nuestra existencia. Nunca entregues a ciegas las llaves de tu corazón.

«Con toda diligencia guarda tu corazón, porque de él brotan los manantiales de la vida» (Proverbios 4:23 LBLA).

Considero que desafortunadamente hemos bajado los niveles de exigencia para escoger a nuestros amigos. Muy probablemente por esa razón, constantemente estamos cometiendo errores inducidos por malos consejeros.

Un día, una de mis hijas iba para una nueva escuela. Estaba muy preocupada porque no tenía amigos en dicho plantel escolar, y yo le dije: "Tranquila, que todo va a salir bien, y muy pronto vas a tener amigos".

Esa tarde cuando regresé a recogerla, venía tomada de la mano con otra niña de la escuela y me dijo: "Papi, ella es mi *best friend*". Yo dije: "¿Cómo es posible? Si la acabas de conocer, ¿cómo es que es tu *best friend*?". Mi hija obró con la ingenuidad que manifiesta la inmadurez, así como la inocencia de una edad temprana, pero increíblemente, así mismo actuamos los adultos, ingenuamente ante selecciones tan importantes.

Creo que en muchas ocasiones cuando nos toca seleccionar a quienes permitiremos dentro de nuestro núcleo, no hemos entendido el peso que trae elegir a nuestros amigos. Son estas personas que permitimos que nos rodeen, quienes pueden atrasar o adelantar el propósito de Dios para nuestra vida.

La pregunta inmediata que surgirá en tu mente es: ¿Cómo puedo descubrir quienes cualifican para ser mis amigos? Te daré la respuesta a esa interrogante. Toda aquella relación que no sume, y no esté en línea con lo que Dios quiere para tu vida, no debe calificar para ser tu amigo.

La Biblia dice que no pueden andar dos juntos si no están de acuerdo. Muchas veces hemos utilizado este texto para predicar respecto a las relaciones sentimentales, tales como el noviazgo y el matrimonio. Pero es importante saber que esta porción escritural se extiende a nuestras relaciones interpersonales, amistades e incluso el área de los negocios, entiéndase con quienes nos asociamos o vinculamos.

Lo antes expuesto es una verdad, porque si las personas con las que nos estamos relacionando nos están llevando al camino incorrecto, a darle la espalda a nuestros valores y a Dios, entonces nos estamos dejando arrastrar lejos del plan de Dios para nuestra vida.

> *«...¿No saben que la amistad con el mundo es enemistad con Dios? Si alguien quiere ser amigo del mundo se vuelve enemigo de Dios»* (Santiago 4:4 NVI).

Es por esta razón que resulta vital el saber escoger y reconocer bien quién califica para ser nuestro amigo, pues tendrá la capacidad de acercarnos o alejarnos de nuestro destino divino en Dios.

Si estás conociendo a una persona que te está llevando a pecar, lejos del plan del cielo para tu existencia, esa persona no puede calificar para ser parte de tu vida como una amistad porque, inevitablemente, tendrás que responder al siguiente planteamiento: "Dime con quién andas y te diré quién eres".

> *«¿Pueden dos caminar juntos sin antes ponerse de acuerdo?».*
>
> Amós 3:3 NVI

6

Eres un modelo original

U na de las mentes más brillantes que ha producido nuestra generación dentro del ámbito tecnológico, el incomparable Steve Jobs, expresó: "Tu tiempo es limitado, así que no lo desperdicies viviendo la vida de otra persona". Si deseas vivir la vida plena y abundante que Dios tiene reservada para sus hijos, debes comenzar a pensar, caminar y actuar como un "original".

¡Sí, así es! Permíteme decirte que no eres una copia o una versión reciclada de alguien más. Eres un modelo único e irrepetible. Tanto detalle fue invertido en tu creación que la Biblia dice que Dios conoce hasta cuántos cabellos hay sobre tu cabeza.

«Pues aun vuestros cabellos están todos contados».
Mateo 10:30

¡No hay nadie como tú! ¡Valórate, reconoce el reflejo del Creador sobre ti y celébralo!

«Entonces dijo Dios: Hagamos al hombre a nuestra imagen, conforme a nuestra semejanza...» (Génesis 1:26).

Aprende a vivir contigo mismo, conoce tus áreas débiles, conquístalas, y ten siempre reservada una buena dosis de misericordia para cuando cometas algún error. Nunca olvides que eres un simple mortal. Dios te ama inmensamente, y desea que puedas disfrutar una vida abundante, aquí y ahora.

Primeramente, debes aprender a valorarte y amarte, sin tener la imperiosa necesidad de que otros te valoren y te amen. No me tomes a mal. Es bueno sentirse valorado y amado por otros. Pero lo que trato de exponerte es que debe ser suficiente para ti saber que Dios tu Padre celestial te ama y te valora tal cual eres, como para que puedas forjar una autoimagen saludable de tu persona.

«Nadie podrá amar a otra persona correctamente si no se ama a sí mismo. "…Cada uno debe amar a su prójimo como se ama a sí mismo» (Mateo 22:39 TLA).

Entiéndase que para amar a alguien, tienes que amarte primero. El amor a ti mismo es el principal reflejo de una autoestima sana. Con defectos y virtudes, decide amarte como la máxima manifestación de la grandeza del cielo que eres.

La urgencia de la validación externa te convierte en presa fácil de la adicción a la aprobación de los demás. La única aprobación que necesitas proviene de tu Creador, para alcanzar la vida plena que Él destinó para ti. No busques aprobación en los lugares equivocados. La validación que necesitas, ya Dios la suplió al crearte a su imagen, así como a su semejanza.

Debo advertirte que si vives tratando de llenar las expectativas de los demás, solamente terminarás amargando tu existencia y desperdiciando tu preciado tiempo sobre este planeta.

La única opinión que debe ser imperante para ti es la de Él, y ya hemos visto que su Palabra expresa claramente que tu valor ante sus ojos es indiscutiblemente inmenso.

«Porque a mis ojos fuiste de gran estima, fuiste honorable, y yo te amé; daré, pues, hombres por ti, y naciones por tu vida».
Isaías 43:4

A sus ojos eres "honorable". Jamás olvides cómo te ha amado el Creador del universo. Eso ciertamente mantendrá equilibrado tu valor propio.

De otro lado, aunque siempre exista quien habrá de intentar complacer a todos, realmente es imposible complacer a todo el mundo. Nunca podrás hacer feliz a todo el mundo; esa es la cruda realidad. No fundamentes tu felicidad en recibir la aprobación de las personas; procura perseguir solamente la aprobación del cielo.

Esta verdad aplica a todos los ámbitos: personal, profesional y hasta familiar, pero conste que no te estoy instando a ser un "rebelde social". Solamente te exhorto a que trates de encontrarte contigo, con esa persona única que Dios creó cuando pensó en ti.

Te invito a que cierres los ojos y respires profundo hasta que puedas escuchar los propios latidos de tu corazón, diciéndote cuál fue el sueño que Dios depositó en ti desde antes de la fundación del mundo.

Mientras intentes ser la fantasía que hace feliz a todos los demás, estarás dándole la espalda a tu propósito divino y a la felicidad intencionada por Dios, al crearte único e irrepetible para buenas obras.

> *«Nosotros somos creación de Dios. Por nuestra unión con Jesucristo, nos creó para que vivamos haciendo el bien, lo cual Dios ya había planeado desde antes»* (Efesios 2:10 TLA).

¿Por qué no optar por asumir el riesgo que conlleva el preciado don de la honestidad, y la valentía de exponer nuestros sueños sin temor al rechazo? La vida la conquistan quienes tienen la valentía de defender sus sueños, tomados de la mano de Dios, caminando en fe, elevándose por encima de las mentes estrechas que se les opongan.

No abortes aquellos deseos que tu corazón anhela, siempre que estén en línea con el propósito de Dios para tu vida. Él te respaldará siempre que le des la honra y la gloria. Todo proyecto que comiences hoy afinado a su propósito será bendecido porque Dios está comprometido con la obra de tus manos.

> *«Mis planes para ustedes solamente yo los sé, y no son para su mal, sino para su bien. Voy a darles un futuro lleno de bienestar»* (Jeremías 29:11 TLA).

Jamás dudes que eres un modelo original. Puedo asegurarte que dentro de ti hay una manifestación de Dios que nadie más tiene.

Cuando la Palabra nos habla del Cuerpo de Cristo, menciona que unos somos manos, otros pies, y así subsecuentemente. Este detalle resalta la individualidad que el Creador nos otorgó. Aún dentro de la uniformidad de su cuerpo, existe diversidad e individualidad entre sus miembros. Por lo tanto eres único e irrepetible, poseedor de algo divino que nadie más posee; solamente tú lo acarreas.

Es así que cuando nos congregamos unidos, nos llamamos Iglesia, el Cuerpo de Cristo, pues todas las partes se unen para funcionar como un todo.

Si no manifiestas la parte de Dios depositada en ti, en tu barrio, donde vives, donde trabajas y en todas las partes donde te mueves, entonces las personas en tu entorno tendrán una visión incompleta de Dios. Digo esto porque eres una parte sumamente importante de la manifestación del Eterno sobre la tierra de los vivos.

Muchas veces te compararán con otras personas y hasta podrás tener talentos, cualidades tanto físicas como de personalidad que sean igual o parecidas a otros. Sin embargo, siempre serás un individuo único e inigualable.

Recuerdo que en una ocasión visité San Salvador para participar en una cadena de televisión cristiana. Hasta aquellas facilidades llegó una anciana que me sorprendería. Cuando yo comencé a cantar una melodía titulada *El viejo y el enano* al estilo *rock & roll*, ella comenzó a bailar con tanta alegría y optimismo. Al final de la presentación ella se me acercó. Yo estaba muy emocionado pensando que a ella le encantaba mi música. Curiosamente la anciana me dijo: "*Wow*, me gusta cuando usted canta; es que me recuerda a Elvis Presley". Te confesaré que me arrancó una carcajada. Pero estoy convencido que Dios me creó de una forma incomparable con nadie más. El Eterno me diseñó así cuando me ubicó sobre la faz de la tierra.

Las personas podrán ver lo que deseen sobre ti, pero es esencial que nunca olvides que tu identidad no proviene de las personas. Tu identidad proviene del Eterno. Procura cada día que tu imagen y tu personalidad reflejen más y más su gloria.

«Así, todos nosotros, que con el rostro descubierto reflejamos como en un espejo la gloria del Señor, somos transformados a su semejanza con más y más gloria por la acción del Señor, que es el Espíritu» (2 Corintios 3:18 NVI).

7

Vence los gigantes del temor

ara vivir plenamente y vivir más, hay que hacerlo sin arrepentimientos como "lo que pude haber hecho, pero no me atreví a realizar por temor".

El miedo paraliza, y es una de las emociones más nocivas que puede experimentar el ser humano. Por esta razón Dios nos habla directamente sobre este particular diciéndonos:

«Porque el Espíritu de Dios no nos hace cobardes. Al contrario, nos da poder para amar a los demás, y nos fortalece para que podamos vivir una buena vida cristiana» (2 Timoteo 1:7 TLA).

Estoy convencido de que ciertamente el valor no es la ausencia del miedo, sino la conquista del mismo.

Usted gana fuerza, valor y confianza con cada experiencia en la cual usted se detiene, y mira al miedo en la cara. Ya que luego de esto usted es capaz de decirse a sí mismo: "He superado este terror. Ahora puedo enfrentarme a lo próximo".
- Eleonor Roosevelt

Debo advertirte que nunca conquistarás aquello que no estás dispuesto a enfrentar. Es necesario darle la cara a nuestros más profundos temores. De lo contrario estaremos condenados a vivir encadenados a los mismos de forma irreversible.

La vida está llena de retos y de experiencias que nos pueden llegar a hacer temblar de temor. Sin embargo, para poder realizar una travesía digna por la tierra de los vivos, debemos estar dispuestos a mirar a los ojos a los gigantes que intentan detener nuestro andar.

La Biblia habla de un jovencito que enfrentó a un gigante y le venció; su nombre era David. Puedes encontrar su historia en Primera de Samuel, específicamente en el capítulo 17. Mientras que todo un ejército, incluyendo al rey que lo capitaneaba, se encontraban atemorizados y escondidos, apareció en el escenario un joven lleno de valentía. David había sido procesado en el anonimato. Él ya había enfrentado osos y leones, así que estaba listo para su promoción. ¡Ah!, pero este chico llamado David se llenó de los elementos vitales para vencer.

David se llenó de valentía e indignación ante lo que consideró una afrenta a su fe y a su Dios. Lleno de determinación, el jovencito enfrentó al gigante que por días había atormentado con sus amenazas a los hombres más valientes de Israel. El joven no solamente enfrentó al gigante, sino que también lo venció. Te garantizo que todo lo que enfrentas de la mano del Eterno, lo vencerás.

Dios honró tres cosas en David: su valentía, su determinación y su indignación. Creo que es tiempo que apliques estos tres principios a tu vida para que puedas vivir más y vivir mejor.

El primer principio que aplicó David fue la valentía. Pero ¿qué es valentía? Significa, en su más pura expresión, esfuerzo, aliento, vigor y decisión, según la definición del Diccionario de la Real Academia Española.

A la luz de esta ilustración, te invito a esforzarte por vencer tus miedos Atrévete a identificarlos para que puedas conquistarlos. Toma aliento y vigor en la fortaleza que proviene del cielo, para que puedas decidirte a caminar libre de temores e inseguridades.

Si no vences estas emociones oscuras, solamente le cortan las alas a tus sueños, y abortarán tu potencial. Es hora de que decidas comenzar a ser valiente. Has vivido demasiado tiempo esclavo de tus temores. Libérate, y no permitas que estos te roben un día más de tu preciosa vida.

¿Cuáles son tus gigantes?, ¿Los puedes identificar?

Te invito a hacer una pausa para meditar en aquellas cosas que te producen temor, y te han estado paralizando en tu progreso como persona y como ciudadano del cielo.

Haz una lista si es necesario. Las cosas debemos llamarlas por su nombre. Honestamente, yo no sé cómo se llamen tus gigantes, pero estoy convencido que llegó tu momento para identificarlos, enfrentarlos y vencerlos de una vez por todas. No hay espacio para la derrota porque cuentas con el respaldo del Dios Todopoderoso en tu equipo.

Tal vez tu gigante sea un episodio que marcó tu vida negativamente, y sientes que te marcó para siempre. No importa lo que haya golpeado tu existencia, ya sea un divorcio, un fracaso en el ámbito profesional, una violación, una palabra hiriente de uno de tus padres a una temprana edad, una desilusión amorosa, o hasta una relación rota con alguien que admiraste alguna vez. Entiende que esa no tiene que ser tu realidad final.

No importa cuál sea la circunstancia, te aseguro que Dios puso en ti el poder para transformar cualquier negativo en positivo. Él te dará la valentía que necesitas para dejar atrás toda experiencia adversa, y te ayudará para que puedas alcanzar el futuro maravilloso que Él mismo trazó para ti.

Hay un detalle muy importante. Para que puedas vencer a tus gigantes, necesitas aplicar la determinación dentro de tus acciones, así como lo hizo nuestro amigo, el rey David.

Por otro lado, debo advertirte lo siguiente. No esperes que las cosas cambien si sigues haciendo las mismas cosas que has hecho siempre. Si quieres ver lo que nunca has visto, tienes que estar dispuesto a hacer lo que nunca has hecho. Es aquí en este punto de no regreso cuando has abrazado la valentía, donde la determinación juega un papel vital.

Según la Real Academia Española, "la determinación" es atrevimiento, osadía y resolución. Por lo tanto, habiendo comprendido este concepto, te reto a que te atrevas a mirar fijamente a los ojos de todo gigante que hayas podido identificar que te detiene en tu avance como persona. Ahora con osadía te desafío a que les digas que estás resuelto a terminar la relación que han sostenido por años, y que nunca más serás su prisionero.

Este ejercicio debes hacerlo por ti y por tus generaciones venideras, porque todo gigante que no venzas, tus hijos tendrán que pelear con ellos. No le dejes como herencia a tu próxima generación tus gigantes del temor, inseguridades y desafíos sin resolver. Mejor decide dejarles un futuro de conquista, de perseverancia y seguridad.

¡Sé libre! Libera tu mente, tu alma, tus emociones y tu espíritu. Ese fue el plan original de Dios cuando te colocó sobre la faz de esta tierra.

«Estad, pues, firmes en la libertad con que Cristo nos hizo libres, y no estéis otra vez sujetos al yugo de esclavitud».

Gálatas 5:1

Una vez te hayas llenado de valentía y determinación en cuanto a vencer tus temores, te invadirá una indignación casi santa. Solamente entonces podrás comprender que la forma en la que has vivido ha sido solo una sobrevivencia, más que una existencia. Dios no desea que sobrevivas. Él desea que vivas a plenitud de forma abundante.

Indígnate cuando mires los años, y el precioso tiempo que has desperdiciado siendo esclavo del temor, de la inseguridad o de emociones tóxicas. ¡Indígnate, porque no fuiste creado para vivir así!

Toma hálito en Dios para que decidas que de hoy en adelante, jamás permitirás que estas emociones tan oscuras controlen tu vida otra vez.

"Aprendí que el coraje no es la ausencia de miedo, sino el triunfo sobre él. El hombre valiente no es aquel que no siente miedo, sino el que conquista ese miedo". -Nelson Mandela

Una vez hayas experimentado la libertad de vivir sin las ataduras que producen el miedo y la inseguridad, atrévete a contagiar a otros con tus deseos de vivir y con tu valentía. Conviértete en un agente de cambios positivos.

"La valentía es contagiosa. Cuando un hombre adopta una posición firme, las columnas vertebrales de los demás se enderezan también". -Billy Graham

Tristemente vivimos en un mundo dominado por el miedo. Estamos rodeados de prisioneros silenciosos que necesitan desesperadamente conocer al Libertador de libertadores. Comencemos a compartir la libertad que has obtenido en Cristo. Dile a otros que es posible vivir una vida libre de miedos. Hazte el firme propósito de hablarles a otros a diario de la libertad que se puede alcanzar cuando vivimos al amparo del Altísimo.

Cuando comiences a compartir tu historia de libertad, no solamente añadirás valor a tus días, sino que te convertirás en un agente de cambios positivos. Serás un transformador dentro de este mundo.

Tus gigantes del temor se convertirán en diminutas figuras cuando les mires de frente, lleno de la certeza de que el Dios que te respalda es mucho más grande y poderoso.

¡Anímate a enfrentar los gigantes de tus temores, y véncelos de una vez; este es tu tiempo!

«Dios tiene poder para hacer mucho más de lo que le pedimos.

¡Ni siquiera podemos imaginar lo que Dios puede hacer para ayudarnos con su poder!» (Efesios 3:20 TLA).

8

La amistad con el cielo alargará tus días

Hubo un hombre muy especial que caminó sobre la faz de la tierra y lo más impresionante es que lo hizo con Dios. Este hombre se llamó Enoc.
A él también se le conoce como "el amigo de Dios". Enoc fue escogido por Dios para ser Su amigo. No tengo la menor duda de que su vida y ejemplo fueron grandes promotores de cambios positivos en medio de una generación completamente perdida y desconectada de la fe.

Enoc pudo producir cambios en su entorno porque vivía persistentemente en la presencia de Dios. Las Sagradas Escrituras nos hablan de él particularmente en el libro de Génesis (comenzando en el capítulo 5), donde nos expone la relación tan íntima que poseía este hombre con su Dios.

Tras la muerte de Abel, pasaron casi cinco siglos sin que alguien se distinguiera por ser un fiel siervo de Dios. Es más, la conducta en el mundo era pecaminosa y escéptica, pues llegó a ser lo usual entre los hijos de los hombres. Curiosamente, fue de cara a ese momento de infamia espiritual que irrumpió en escena Enoc.

En medio de tiempos caóticos moralmente, Dios escoge hombres y mujeres de una sola pieza, íntegros, para que hagan la diferencia haciendo brillar sobre ellos el sol de justicia. Todo lo que Él te pide para llamarte su amigo es que hagas su voluntad.

La Palabra del Eterno reafirma esta declaración cuando nos dice:

«Vosotros sois mis amigos, si hacéis lo que yo os mando».
Juan 15:14

Me impresiona que el Creador del Universo haya decidido que seamos sus amigos. Es un privilegio, un honor y es un regalo inmerecido. Él ciertamente nos ha llamado amigos porque así su corazón lo deseó.

A Enoc se le atribuye nada más y nada menos, haber caminado con Dios literalmente. Me imagino que para ir de paseo con el Creador del Universo tenía que existir un gran compañerismo e intimidad entre ambos. La vida y los pasos de Enoc tenían que ser agradables a los ojos del Creador de los cielos, para tener la dicha de caminar junto Él.

Para vivir una vida plena que provoque en los demás el deseo imperante de cambiar, tenemos que haber sido capaces de alcanzar una comunión íntima con Dios. El tipo de vida que Enoc nos modela con sus acciones y ejemplo, podemos concluir que es inducida por la práctica consciente y perseverante de la fidelidad y la obediencia.

En nuestro mundo moderno estos dos conceptos, fidelidad y obediencia, desafortunadamente han sido un poco abandonados. A pesar del menosprecio con el que son observados por algunos, te aseguro que siguen teniendo un incalculable valor que eleva la estima de toda persona que les practica.

La fidelidad está definida como la honradez para dar cumplimiento a un juramento o promesa. Por ejemplo, sabemos que cuando dos personas se casan, se prometen fidelidad ante Dios y los hombres. Dicha acción se trata de un compromiso que envuelve un conjunto de deberes y responsabilidades. Para que la fidelidad exista y se materialice, dicho compromiso no puede ser quebrantado por ninguna de las partes involucradas.

Me resulta interesante que al mirar la historia, los romanos tenían colocada la fidelidad dentro del número de sus divinidades. "Numa" fue el primero que le erigió un templo y altares. Se le ofrecían flores, vino e incienso; sin embargo, estaba prohibido sacrificar víctimas.

Es impresionante que esa civilización tuviera una concepción divina sobre la fidelidad. Me pregunto: ¿Cómo ve esta civilización el concepto de la fidelidad? Esta es una excelente pregunta que parece estar contestada implícitamente mediante las acciones colectivas de la población global. Diariamente la infidelidad es uno de los motivos principales que promueven los crímenes entre parejas, reflejando así la decadencia de valores que sufrimos.

La fidelidad debería estar dentro de nuestros principales valores personales a nivel universal, pero lamentablemente aparenta ser una virtud olvidada. Curiosamente es una de las acciones más anheladas inherentemente por el ser humano. Sería lo más lógico dar a otros lo que deseamos recibir. Tal vez no recibimos lo que deseamos, porque no hemos sabido dar a otros lo que esperamos como retribución.

Un lazo inquebrantable surgió entre Enoc y Dios debido a la fidelidad. Ambos sabían que podían caminar juntos, pues ninguno le faltaría al compromiso que habían asumido de ser amigos. Dentro de esa amistad no había espacio para la duda o la infidelidad.

Ese es el tipo de amistad que Dios desea que todos sus hijos logremos tener con Él, alcanzando un lugar de intimidad donde solamente pueda manifestarse de su gracia. Jesucristo mismo oró al Padre para que llegáramos a ese nivel de intimidad y fidelidad mutua, no solo con Dios, sino con nuestros semejantes. La única forma que el mundo creerá en el mensaje del cual somos portadores, es cuando vean que somos capaces de vivir lo que predicamos.

«Para que todos sean uno; como tú, oh Padre, en mí, y yo en ti, que también ellos sean uno en nosotros; para que el mundo crea que tú me enviaste» (Juan 17:21).

De otro lado, si la fidelidad resultó relevante en la relación de Enoc con el Padre Celestial, así mismo la obediencia era vital para que dicha amistad divina pudiera sostenerse, y ser una realidad.

La obediencia era el sello del compromiso que representaba la fidelidad de Enoc. El término "obediencia" proviene del latín "oboedientïa", y está vinculado con el acto de obedecer. Quiere decir que se asocia con las siguientes acciones: respetar, acatar, y cumplir la voluntad de una autoridad.

Nuestra autoridad máxima es el Padre. Su voluntad para nosotros es buena. Si logramos entender que Él solo desea hacernos bien, no debería ser difícil poder vivir en obediencia a su Palabra. En múltiples instancias dentro de las Sagradas

Escrituras, Dios nos ordena guardar sus enseñanzas para poder tener comunión con Él, y llevar la clase de vida que nos prometió:

> *«Hijo mío, pon en práctica mis palabras y atesora mis mandamientos. Cumple con mis mandatos, y vivirás; cuida mis enseñanzas como a la niña de tus ojos»* (Proverbios 7:1-2 NVI).

> *«...Si alguien me ama, también me obedece. Dios mi Padre lo amará, y vendremos a vivir con él»* (Juan 14:23 TLA).

> *«Bienaventurados los que guardan sus testimonios, y con todo el corazón le buscan»* (Salmo 119:2).

Así mismo, no olvidemos que el precio a pagar por la desobediencia es sumamente alto, además de que siempre tendrá consecuencias.

No sé tú, pero yo recuerdo que cuando era pequeño y mis padres me daban una instrucción, si decidía desobedecerla siempre había una consecuencia negativa.

¿Cuántas veces de niños nuestros padres nos dijeron, "hoy no puedes salir a correr bicicleta", y a escondidas nos escapamos desobedeciendo? Solamente para terminar en el piso con un golpe o un rasguño, llamando a gritos a nuestros padres.

Al final de estos episodios infantiles, habitualmente papá y mamá siempre nos terminaban consolando. Pero no perdían la oportunidad de recordarnos que nuestro golpe o rasguño era el fruto de la desobediencia.

"La libertad sin obediencia es la confusión, y la obediencia sin libertad es esclavitud", expresó William Penn, filósofo inglés.

Un ejemplo del alto precio que se paga por la desobediencia está documentado dentro de las Sagradas Escrituras. Fueron los actos de nuestros primeros padres, Adán y Eva, quienes desobedecieron a Dios, cayendo ante la seducción de la "serpiente antigua".

El enemigo siempre estuvo allí, pero no fue hasta que Eva le prestó su oído y estableció un dialogo con él, que este sembró en su corazón la semilla de la duda sobre lo que Dios les había dicho.

La fe viene por el oír. Para poder alcanzar una vida de obediencia debemos estar en sintonía con la Palabra del Señor. No podemos estar abriendo nuestros oídos a voces extrañas, ni prestar atención al enemigo, porque solo logrará confundirnos llevándonos al error.

«Las decisiones que tomas hoy
tienen el poder de afectar
a tus generaciones venideras».

Una vez que Eva fue inducida a pecar, ella a su vez indujo a Adán. No podemos arrojar el peso de la caída de nuestros primeros padres sobre ninguno exclusivamente. Esta caída irónicamente fue un trabajo en equipo; los dos desobedecieron al Padre. La culpa nunca es de una sola persona.

El detalle importante estriba en que la desobediencia de ambos trajo graves consecuencias para toda la humanidad. Las decisiones que tomas hoy tienen el poder de afectar a tus generaciones venideras tanto positiva, como negativamente. Nunca lo olvides.

Dios desea alargar tus días, darte un paraíso para que lo gobiernes, que vivas libre de temor y que alcances la felicidad. Ese fue el plan desde el principio, pero la desobediencia nos desconectó del Edén.

¿Qué tal si comenzamos a vivir en amistad con el cielo, pero sobre todo en obediencia?

Estoy seguro que Dios restituirá para nosotros el paraíso perdido, y nos dará una vida mucho más abundante de lo que jamás hayamos podido soñar.

«El comienzo de la sabiduría es el temor del Señor; conocer al
Santo es tener discernimiento. Por mí aumentarán tus días;
muchos años de vida te serán añadidos».

Proverbios 9:10-11 NVI

9

Camina con el Creador

¿**P**uedes imaginarte caminando con el Creador del universo todos los días de tu vida?

Yo creo con todo mi corazón que ese es el anhelo del Padre: caminar con sus hijos en la paz y comunión que solo Él puede dar.

Cuando comienzas a caminar con alguien e invertir tiempo de calidad con esa persona, no pasará mucho tiempo para que comiences a asimilar su perfil. Pronto empezarás a hablar, a pensar, y a comportarte de forma muy similar.

He tenido la bendición de haber viajado por diferentes países. Es interesante cómo tan pronto invierto un par de días en el lugar visitado se me pega el acento, comenzando a hablar y a sonar como los residentes del lugar donde me encuentre.

Interesantemente me comienzan a gustar las "baleadas" de Honduras, el Pollo Campero de Guatemala, los tacos de México, o las pupusas de El Salvador. Solamente pasando un par de días en un país, comienzo a ser influenciado por la forma de hablar y por el gusto de comer, así como por su cultura.

Así mismo, el cielo posee su propia cultura. Imagina todo lo que puede cambiar tu vida si hoy decides comenzar a caminar con el Creador de los cielos. Caminando con el Creador descubrirás de qué estás hecho. La Palabra del Señor declara que fuimos hechos a su imagen y semejanza, por lo cual mientras más lo conozcas a Él, más te conocerás a ti mismo.

¿Qué clase de vida llevarías si tus pensamientos y conducta estuvieran alineados con la mente de Dios y con la cultura del cielo?

No tendrías temores al fracaso, pues estarías seguro que Él ha prometido que no te dejará caer jamás. Soñarías más, reirías más, y sin duda alguna vivirías mucho más excelentemente.

> *«¡Atrévete a provocar cambios positivos radicales que produzcan reacciones irreversiblemente favorables!»*

Entonces, ¿qué esperas para emprender el viaje? Comienza a caminar con Dios; solo tienes que dar un primer paso.

Estoy seguro que dentro de ti arde la pasión de hacer más que existir. Sé que de hoy en adelante te decidirás a vivir mucho más intensamente. Soñarás más, reirás más, y buscarás tener amistad con el cielo.

Te invito a que no te sientes a la sombra del olvido a esperar que las cosas sucedan.

¡Atrévete a provocar cambios positivos radicales que produzcan reacciones irreversiblemente favorables!

Deseo compartirte las palabras de una de las mentes más brillantes que ha producido el ámbito de las ciencias:

"La vida es muy peligrosa. No por las personas que hacen el mal, sino por las que se sientan a ver lo que pasa". Su nombre fue Albert Einstein.

Dicho postulado no se aleja de lo que el Apóstol Pablo le escribió a una comunidad de fe, cuando les insta a vivir maximizando su estadía en la tierra, diciendo:

> *«Tengan cuidado de cómo se comportan. Vivan como gente que piensa lo que hace, y no como tontos. Aprovechen cada oportunidad que tengan de hacer el bien...».*
> Efesios 5:15-16 TLA

10

Somos evidencia viviente de su grandeza

Si abres la puerta de tu corazón y tu mente a Dios, Él tiene el poder de entrar y transformar tu vida en una "evidencia viviente" de la clase de vida que Él es capaz de dar.

Dios puede hacer que tu vida impacte de manera contundente a todas las personas que te rodean, dejándoles sin espacio para ninguna duda de que sobre ti se ha manifestado una capacidad de transitar por este mundo de forma superior a la de los demás mortales.

El Evangelio de Juan, capítulo 11, nos narra un episodio que tomó lugar en una pequeña aldea llamada Betania. En aquel sitio Jesucristo tenía amigos, pero en especial me gustaría presentarte a un joven llamado Lázaro.

En mi afán por llevarte un mensaje sencillo, pero profundo sobre este pasaje, que fuera aplicable para la ilustración que deseo transmitirte, encontré los siguientes datos. Estos hallazgos golpearon mi intelecto, y también tocaron mi corazón.

Betania en el arameo בית אינע, Beth anya, significa: "casa del pobre" y "casa de la aflicción", transcrita al griego, Βηθανία . Eso me lleva a pensar que Jesucristo tenía amigos en la "casa del pobre" y en la "casa de la aflicción".

Tus situaciones presentes no limitan tu acceso a la vida extraordinaria y de abundancia que Dios ha preparado para ti. Mucho menos tu escenario presente dictamina tu destino o futuro.

¡Qué maravilloso es saber que el mismo cielo está dispuesto a llegar hasta donde nos encontramos para tener amistad con nosotros, y darnos acceso a una vida mejor!

Te confieso que uno de los detalles que más captura mi atención sobre esta historia de la vida de Jesucristo es que Él, a pesar de su naturaleza divina, vivió lo que me luce una vida bastante normal dentro del ámbito terrenal. Nos brinda con su ejemplo la mejor ilustración de cómo vivir y vivir más.

Si Jesucristo tenía amigos, obviamente no era un antisocial. Conocía el deleite de una buena conversación, sabía compartir risas y carcajadas, como también supo llorar con los que lloraban.

No fuiste creado para vivir aislado. Él te creó para vivir en comunión con tu prójimo. ¿Sabes? Los "llaneros solitarios" nunca llegan muy lejos.

«El amigo siempre es amigo, y en los tiempos difíciles es más que un hermano» (Proverbios 17:17 TLA).

El cónsul de la República de Roma, Cicerón, dijo: *"Vivir sin amigos no es vivir"*.

Nuestro amigo Lázaro tenía dos hermanas, quienes también eran amigas de Jesucristo. De hecho, su amistad era bastante cercana, pues el Carpintero iba con frecuencia a aquella casa según lo evidencian los Evangelios, lo cual es indicador del estrecho vínculo que le unía a aquella familia.

Un día Lázaro, el amigo del Maestro, enfermó y sus hermanas enviaron el siguiente mensaje:

«...Señor, he aquí el que amas está enfermo».
Juan 11:3

Ante aquel mensaje, Él no respondió como ellas hubiesen deseado. Pero sí dio la respuesta que Él sabía que estaba intencionada en el cielo.

«Oyéndolo Jesús, dijo: Esta enfermedad no es para muerte, sino para la gloria de Dios, para que el Hijo de Dios sea glorificado por ella» (Juan 11:4).

En muchas ocasiones, las tormentas de la vida no anuncian su llegada y nos golpean como un tifón, dejándonos desorientados y enviando un grito al universo por ayuda. Creo que así se sintieron las hermanas de Lázaro.

Nuestra desesperación puede hacernos caer presos de la desesperanza. Nos puede llevar a pensar que Dios nos ha dejado abandonados, en lo que puede lucir a nuestros ojos como el peor día de nuestra vida. Sin embargo, poco a poco estoy aprendiendo que la decisión más inteligente que podemos hacer ante días grises es convertirnos en optimistas empedernidos, optando por ver la luz brillar aun entre las grietas que dejan las nubes de un día nublado. De todos modos, la respuesta viene en camino.

Cuando llega un instante de dificultad a nuestra vida, no es otra cosa que eso; un instante, un momento pasajero, y no algo permanente. Créeme que esa tormenta que ves hoy como interminable, también pasará, pues tiene fecha de culminación pautada por el cielo.

La historia de nuestro amigo Lázaro culmina en una tumba, pero su final no es de muerte, sino de vida. Cristo llamando por su nombre a su amigo, habló vida sobre él y éste volvió a vivir.

¿Cuántas personas necesitan que les llamen por su nombre, y hablen vida sobre ellos para que vuelvan a vivir?

Estos seres, aunque caminan y hablan, no viven porque dentro de ellos no hay la esperanza de una vida mejor. Esto es así porque no han conocido el tesoro de la vida que Cristo ofrece para vivir más.

Muchos viven una vida vana, concentrados en lo material, sin trascendencia, y se conforman con esto. Sin embargo, a todos nos llega el día que por instinto divino, comenzamos a sentir la necesidad, dentro de cada una de una nuestras células, de conectarnos con nuestro Padre Celestial.

Uno de los más grandes beneficios de tener amistad con el cielo es que el dividendo siempre será un activo a tu favor.

¡Aquel amigo, Lázaro, se convirtió en evidencia ambulante de que era posible volver de la muerte a la vida y mejor aún vivir más!

No había un lugar por donde él pasara que las personas no voltearan a verle. Su vida era evidencia contundente e irrefutable del poder de la fe.

¿Te gustaría que tu vida inspirara a otros a ese nivel? Puedes lograrlo. Esa oportunidad está a la distancia de un cambio de pensamiento, pero sobre todo de una permutación en el corazón.

"Cuando alguien evoluciona también evoluciona todo a su alrededor. Cuando tratamos de ser mejores de lo que somos, todo a nuestro alrededor también se vuelve mejor". - Paulo Coelho.

Otra de las razones que nos hacen evidencia viviente de la grandeza de Dios se encuentra validada por una ciencia denominada como "creacionismo". Este campo académico es mejor conocido como "creacionismo clásico" debido a que el mismo tiene su génesis dentro del pensamiento cristiano.

Los creacionistas hacen una interpretación literal de la Biblia, sosteniendo con datos científicos la veracidad de la creación divina del mundo. Así mismo afirman la creación de los seres vivos por la mano de Dios, y la autenticidad del cataclismo del Diluvio Universal tal como está descrito en el Génesis.

Dentro de estos estudios resulta innegable la presencia de la mano de un arquitecto Superior Divino, por la meticulosidad con que fuimos diseñados. Tanto la creación como el ser humano poseen un delineamiento tan preciso, que resultaría ignorante negar la existencia de un Creador.

Por ejemplo, el cuerpo humano es excepcionalmente diverso. No existe ni un solo animal que posea la amplia escala de habilidades y capacidades contenidas dentro del ser humano.

Hasta nuestra postura erguida es un don divino, pues no solamente nos amplía el campo visual, sino que nos independiza las extremidades, brindándonos la capacidad de hacer múltiples tareas. ¿Te has puesto a pensar alguna vez cuán limitante sería caminar con tus cuatro extremidades? Definitivamente, hasta dentro de nuestra anatomía podemos ver que somos evidencia viviente de su grandeza.

De otro lado, otro de nuestros órganos que no cesa de asombrar a la ciencia es nuestro cerebro. El mismo interpreta con increíble precisión las diversas señales que le emiten los órganos de los sentidos mediante el sistema nervioso. Además, asocia esas señales con las identificaciones acumuladas dentro de la memoria. Algo tan simple como un olor o un perfume pueden hacer que el cerebro reviva, o recree un momento específico.

Así mismo el cerebro humano, cuando percibe solamente una pequeña porción de una imagen familiar, suple mediante asociaciones de información almacenada, la data que nos falta para completar la imagen divisada.

¡Cuánto detalle, dedicación y cuidado empeñó nuestro Creador en nosotros!

Todas las mañanas cuando te pares frente al espejo antes de salir de tu casa, te invito a recordar que eres evidencia viviente de la grandeza de Dios. Atrévete a repetir con convicción: ¡Soy testimonio vivo de que Dios es real, Su grandeza fue depositada en mí. Él me creó, me amó, y me dio este día para que viva más!

11

Diseñados para la eternidad

Desde el principio de la creación, fuimos diseñados originalmente para la eternidad. Probablemente por esta razón enfrentamos un gran conflicto ante el tema de la muerte.

Está probado clínicamente que los seres humanos tenemos resistencia al proceso del duelo, y al tema de la muerte. Tanto así que el proceso de desapego es sumamente doloroso y extenso, pues en ocasiones puede prolongarse por períodos que duran desde meses hasta años.

Ante esta reacción humana podemos decir que algo dentro de nosotros conoce que fuimos diseñados para algo más excelente y trascendental. Tal vez esa sea la causa de nuestra resistencia, pues en el fondo, el reflejo de la eternidad aún vive dentro de nuestro espíritu.

Para aquellos que hemos decidido vivir más, esta es nuestra esperanza: que ni siquiera la muerte tiene poder sobre nosotros. La misma Palabra de Dios afirma que un día estaremos ante el Creador, y seremos completamente transformados a su imagen y semejanza por la eternidad.

«Por tanto, nosotros todos, mirando a cara descubierta como en un espejo la gloria del Señor, somos transformados de gloria en gloria en la misma imagen...» (2 Corintios 3:18).

La intención del corazón de Dios al crearnos fue darnos la misma naturaleza eterna que Él posee. Su deseo desde el principio siempre ha sido compartir con nosotros la eternidad. Su deseo siempre ha sido darnos un Edén donde podamos vivir en armonía con su presencia.

Lamentablemente nuestros primeros padres Adán y Eva quebrantaron la confianza del Creador, y provocaron una desviación en el diseño original. No obstante, el deseo del Padre persistió y persiste en darnos vida, vida abundante y vida eterna. Fue por esa razón que envió a su hijo para restaurar nuestra comunión eterna. De igual forma Él nos restituyó el nivel de vida que diseñó para nosotros en el paraíso, mediante la reconciliación que nos ofrece a través de Cristo.

«Dios amó tanto a la gente de este mundo, que me entregó a mí, que soy su único Hijo, para que todo el que crea en mí no muera, sino que tenga vida eterna» (Juan 3:16 TLA).

Académicamente muchos entienden por eternidad que es una noción de carácter filosófico que está vinculada a una existencia que no está enmarcada en el tiempo.

Por ejemplo, desde la perspectiva de Aristóteles, el tiempo, la materia y el movimiento, por haber existido desde siempre, pueden considerarse como eternos. De igual forma, el origen de eternidad en el latín aeternus es el concepto de eterno que representa a aquello que no posee iniciación ni punto de culminación. Este término está íntimamente vinculado con la eternidad, con lo que no posee límites, así como con lo que se considera imperecedero.

San Agustín sostuvo dentro de sus enseñanzas sobre el concepto de la eternidad, que el tiempo solamente se mide dentro de las cuantificaciones del universo ya fundado. Dios, por lo tanto, existe sin límites de tiempo. Nuestro Creador es eterno, pero a Él le plació depositar vestigios de esa eternidad dentro de nuestra naturaleza mortal. ¡Qué grandioso conocer que la eternidad del cielo mora en nosotros también!

«¡Qué increíble saber que el Eterno desea compartir su eternidad conmigo!»

Él mismo postulaba dicho concepto debido a que para Dios no existen tiempos pasados, ni momentos futuros; solo cuenta el presente: una constante eternidad.

Un concepto tan profundo puede ser complejo de asimilar, pero al mismo tiempo puede resultar sumamente liberador su entendimiento.

¡Qué increíble saber que el Eterno desea compartir su eternidad conmigo!

Una de las expresiones más poderosas que Jesucristo emitió fue la siguiente:

«...y yo les doy vida eterna; y no perecerán jamás, ni nadie las arrebatará de mi mano» (Juan 10:28).

Esta porción escritural debería producir en nuestros corazones una gran sensación de seguridad, pues el Señor mismo está declarando que nadie nos puede arrancar de sus manos. Somos suyos, Él nos escogió, y Él nos preserva si le entregamos nuestra voluntad.

Primeramente el hijo de Dios está reafirmando el deseo del Padre de darnos vida y vida eterna, revelando la intención original del corazón del eterno desde el Génesis. Al mismo tiempo este verso nos ofrece una validación de seguridad y confianza en la protección divina.

Esta porción constituye un sello de seguridad para todo aquel que decide recibir la presencia de Dios en su vida. Nos brinda una cobertura absoluta contra toda inseguridad o temor que pretenda infundir ansiedad al alma.

Sí, Él nos ha dicho que nos da vida eterna, y que nadie nos podrá sacar de su mano. Entonces…¿por qué vivir en inquietud, temor o incertidumbre del futuro?

«Alma mía, en Dios solamente reposa, porque de él es mi esperanza. El solamente es mi roca y mi salvación. Es mi refugio, no resbalaré. En Dios está mi salvación y mi gloria; en Dios está mi roca fuerte, y mi refugio» (Salmo 62:5-7).

Convierte esta declaración en parte de tu meditación personal, internalízala, y reconoce el descanso que nos brinda saber que sin lugar a dudas, fuimos diseñados para la eternidad.

12

No abandones tus sueños

lgunas personas abandonan sus sueños ante el primer intento fallido de alcanzarlos. La vida no es conquistada por los que intentan y fallan, sino por los que fallan, pero lo vuelven a intentar una y otra vez hasta lograr sus sueños.

«Hay dos elementos determinantes que te llevarán al éxito: la persistencia y la fe».

"Muchos de los fracasos en la vida suceden porque la gente no se da cuenta lo cerca que están de tener éxito cuando se rinden", palabras de Thomas Alva Edison, quien en vida fuera un empresario y un inagotable inventor norteamericano que licenció y patentizó múltiples importantes inventos del mundo moderno.

Hay dos elementos determinantes que te llevarán al éxito: la persistencia y la fe. Para comprender el significado del término persistencia, en primera instancia hay que establecer su origen filológico. Comprendemos que dicha terminología proviene del latín, y más exactamente del verbo *persistere*, que puede traducirse como "mantenerse firme y quieto".

¡Qué interesante que uno de los principios que Dios nos exhorta a seguir para llevar una vida de éxito es el siguiente!:

«No habrá para qué peleéis vosotros en este caso; paraos, estad
quietos, y ved la salvación de Jehová con vosotros».

2 Crónicas 20:17

Dios está expresándonos que habrá momentos en la vida en los cuales para salir victoriosos, debemos estar "quietos" y mantenernos firmes. Si somos persistentes, veremos como Él se mueve a beneficio nuestro.

Hay ocasiones que nuestra participación en la conspiración divina para obtener una victoria consistirá en estarnos quietos. Habrá momentos que para ser exitosos deberemos ejercitar nuestra habilidad de prevalecer y ser consistentes, aunque eso conlleve el sacrificio de la espera. Si somos persistentes esperando en Dios, veremos cómo Él se mueve a beneficio nuestro.

«Si Dios te dio un sueño,
Él no te va a dejar en vergüenza».

Van a llegar momentos en la vida donde tienes que decidir ser persistente, y no abortar tus sueños ante los primeros vientos de adversidad que decidan soplar sobre ti. Ciertamente si Dios te dio un sueño, Él no te va a dejar en vergüenza. Puedes contar con todo su respaldo. Te diré más. Si Dios te ha dado una visión, Él te respaldará, porque nuestro Padre nunca dará una visión para la cual Él no haga provisión divina.

Por otro lado, la fe es vital para que no te rindas en tu jornada por esta tierra, en cuanto al alcance de tus metas y sueños. La fe hace inferencia a una impresión de convicción y a la concepción positiva que se posee sobre un individuo, o sobre alguna cosa particularmente. En cuanto a la concepción sobre la fe, la Biblia dice:

«Es, pues, la fe la certeza de lo que se espera, la convicción de lo
que no se ve» (Hebreos 11:1).

Si no decides creer en aquellas visiones y aspiraciones que el cielo ha puesto en ti, difícilmente alguien más creerá en dichos sueños. Necesitas preñarte de aquellos sueños que deseas alcanzar para que puedas parirlos. Solamente acunándolos dentro de tu vientre espiritual sentirás la pasión de traerlos a la luz.

Curiosamente, este principio aplica también dentro del ámbito empresarial, pues el fundador de *Wal-Mart* y *Sam's Club*, Sam Walton, dijo: "Dedíquese a su negocio. Crea en él más que cualquier otra persona". Walton nos está diciendo que no esperes que otros crean en tu visión, si tú mismo no crees en ella. No podrás inspirar a las personas a que te sigan si no estás apasionadamente convencido de tu sueños.

Permíteme exhortarte a no rendirte si intentas materializar tu sueño o visión, y en el primer intento no lo consigues. Existe una regla dentro del campo de las ciencias que se llama "prueba y error", mejor conocida en inglés como *trial and error*. Este método científico es habitualmente utilizado para resolver problemas, encontrar soluciones, así como para la creación de modelos y procesos. Así que podemos decir que la vida consiste hasta cierto punto en una "prueba y error" hasta que damos con el resultado deseado. Cada vez que ocurre un error o un aparente fracaso, es solamente un indicador de que estamos más cerca de obtener el resultado deseado.

Comienza a ver tus fracasos como pasos que te están acercando al acierto deseado, y como una escuela de aprendizaje de todo aquello que no volverás a repetir.

El proceso de equivocarnos también tiene su valor, porque nos permite identificar todas aquellas cosas que no deseamos volver a experimentar. Al final del día, aun nuestros errores pueden transformarse en una ganancia si sabemos procesarlos adecuadamente.

Te contaré la historia de un hombre llamado Henry Ford, quien en sus inicios fungió como relojero dentro del negocio de la familia Ford. Era conocido como el jovencito que reparaba relojes, sin embargo, esto no era lo que él aspiraba para su futuro. Posteriormente a la muerte de su madre, éste le expresó a su padre que no deseaba permanecer en el negocio de los relojes.

> *«Siempre existirá espacio*
> *para nuevos comienzos».*

La historia nos cuenta que el célebre Henry Ford consiguió conversar con Thomas Edison sobre el nuevo concepto de automóvil. Ford deseaba formar parte de la transición que ocurría dentro de la industria del transporte, y fabricar sus propios vehículos. De esta manera, nació *Detroit Automobile Company* en el año 1899. Sorpresivamente, debido a la acumulación de deudas obtenidas durante la formación del negocio, Ford tuvo que solicitar accionistas para mantener a flote la empresa.

Los comienzos siempre serán desafiantes. Me parece que esto es una ley de la vida. Para Ford, esta regla no fue la excepción. Sus primeros coches eran de una pésima calidad, y sumamente costosos. Debido a estos elementos que pesaban en su contra tuvo que irse a la bancarrota.

Puede que lleguen a tu vida momentos cuando creas que has perdido todo, y que no podrás reponerte. Quiero decirte que ese pensamiento es solamente un producto de tus ansiedades existenciales. La realidad es que siempre podrás volver a comenzar y a intentarlo, mientras hayas permitido que tus sueños y visiones continúen vivos dentro de tu espíritu. Siempre existirá espacio para nuevos comienzos. Prueba histórica de que es posible levantarse de entre las cenizas como el ave fénix y resurgir con más fuerza, lo es nuestro amigo Henry.

Ford regresó al mundo empresarial luego de su bancarrota con muchísima más fuerza, para en cuestión de algunos meses concebir una nueva empresa de automóviles llamada *Cadillac*.

Dentro de su resurgimiento no faltaron los obstáculos, pero la persistencia y la fe vencieron. Así fue como nació *Ford Motor Company*. Algunos historiadores aluden a que para Henry Ford la palabra imposible no existía.

¡Qué maravilloso sería si nosotros como hijos del Creador del universo elimináramos la palabra "imposible" dentro de nuestro mundo de significados! "Imposible" no debería estar dentro de nuestro vocabulario si hemos conocido la grandeza del Dios que camina y tiene amistad con nosotros.

Para alcanzar tus más grandes aspiraciones en esta vida, debes comprender el siguiente principio: tus sueños están a la distancia de la medida de tu fe. Si puedes creer, no habrá nada, absolutamente nada que no puedas lograr. Recuerda que el cielo ha depositado eternidad dentro de tu ser, y que posees una naturaleza creativa contenida en tu ADN. Fuiste diseñado para manifestar la grandeza del Creador.

Dentro de ti existen muchos más recursos de los que imaginas; solamente debes activarlos mediante tu comunión con el Padre. No tengas temor de soñar en grande, de vivir intensamente. Atrévete a sorprender al mundo mostrándole la imagen del cielo plasmada en cada acción que emprendas. Dios y tú son un terminante conjunto; un equipo infalible.

«Jesús le dijo: Si puedes creer, al que cree todo le es posible».
Marcos 9:23

13

Saber lo que nos conviene y hacerlo

U no de los más grandes males que está golpeando a nuestra humanidad son los problemas relacionados con la salud mental. Indiscutiblemente, para que puedas vivir una vida saludable y plena es vital que goces de un buen estado de salud emocional, así como mental. El deseo de Dios es tu bienestar absoluto, pues cuando creó tu mente la diseñó para morar en ella, y depositar su paz y su grandeza en cada uno de tus pensamientos.

Si reconocemos que somos espíritu, alma y cuerpo, seremos capaces de entender que Dios desea que cada una de estas áreas de nuestra vida goce de salud plena. Dios desea que todo nuestro ser esté en orden con su propósito de darnos una vida abundante.

> *«Amado hermano, le pido a Dios que te encuentres muy bien,*
> *y también le pido que te vaya bien en todo lo que hagas, y que*
> *tengas buena salud»* (3 Juan 1:2 TLA).

En este verso, el escritor bíblico expresa el deseo de un bienestar absoluto hacia el prójimo. Ese deseo nace de un corazón que ha recibido el nivel de vida que Cristo vino a restituirnos por medio de su sacrificio en la cruz.

De acuerdo a la Organización Mundial de la Salud (OMS), la salud mental se define como un estado de bienestar en el cual el individuo es consciente de sus propias capacidades. Este puede afrontar las tensiones normales de la vida, puede trabajar de forma productiva y fructífera, y es capaz de hacer una contribución a su comunidad.

Así mismo, múltiples profesionales de dicho campo han coincidido en que salud mental es "saber lo que nos conviene, y hacerlo". Esta definición me resulta sumamente interesante, pues nos presenta una interrogante. ¿Por qué muchos de nosotros sabemos lo que nos conviene, pero no lo hacemos?

Creo que la razón por la cual muchos nos debatimos entre el "saber" y el "hacer" es porque nuestros sentimientos, así como las emociones, suelen nublar nuestro entendimiento. He aprendido que una verdad no será tuya hasta que no descienda de tu mente hasta tu corazón. Muchos tenemos en la cabeza conocimiento y consciencia de algo que nos conviene hacer. Pero como esa verdad no ha bajado de la mente al corazón, no logramos ejecutar la acción. He ahí el dilema de saber lo que nos conviene, y hacerlo.

> *«Una verdad no será tuya hasta que no descienda de tu mente hasta tu corazón».*

De acuerdo a la OMS, los países deberían integrar la salud mental en la asistencia primaria, ofrecer atención de salud mental en los hospitales generales, y crear servicios comunitarios de salud mental. Desafortunadamente, los gobiernos del mundo no han conseguido internalizar esta concepción.

Pero el gobierno celestial sí tiene claramente definido dentro del plan divino que alcancemos una vida de paz, no solo espiritual, sino también mental.

A continuación te llevaré de la mano por varios pasajes escriturales que revelan la intención del corazón del Padre de darnos paz en el alma, y en la mente. Su Palabra nos ayuda e instruye, enseñándonos principios básicos de sana convivencia.

> *«Deben hacer el bien, dejar de hacer el mal y vivir en paz con todos»* (1 Pedro 3:11 TLA).

Este principio es esencial y sumamente sencillo para llevar una vida abundante, y sobre todo para llevar una vida que resulte más prolongada sobre la faz de la tierra.

El autor bíblico nos está diciendo que es un deber hacer el bien a nuestro prójimo, y que simultáneamente dejemos por completo de actuar negativamente.

El resultado de la ejecución de estas dos acciones nos dará el fruto más codiciable para llevar una vida sana, y "vivir en paz con todos". Sí, así como está escrito, es posible que lleves una vida de paz con todos y cada uno de quienes te rodean.

«Tú guardarás en completa paz a aquel cuyo pensamiento en ti persevera; porque en ti ha confiado» (Isaías 26:3).

Esta porción de la Palabra de Dios es la mejor garantía de vida que jamás podrás encontrar. En este verso, Dios mismo está garantizándote que Él cuidará en absoluta paz cada uno de tus pensamientos y tu mente, si perseveras en sus promesas. Dicha clase de confianza se deriva de una comprensión profunda del poder que poseen nuestros pensamientos, cuando los mismos descansan y reposan en el Padre de misericordias.

«Estas cosas os he hablado para que en mí tengáis paz. En el mundo tendréis aflicción; pero confiad, yo he vencido al mundo» (Juan 16:33).

Estas palabras de Jesucristo nos afirman abiertamente el anhelo del Maestro, de que en Él podamos encontrar paz para el alma, el corazón, y la mente, aun por encima de las aflicciones que podamos enfrentar en nuestro caminar por este mundo. Este pasaje nos afirma la victoria de Cristo sobre toda tempestad.

Sin embargo, me resulta fascinante que dentro de este postulado bíblico no se niega la realidad de que en nuestro paso por esta tierra enfrentaremos múltiples situaciones dificultosas. Es importante no vivir de espaldas al escenario de la vida.

Más aún me impacta el nivel de confianza al cual se nos insta a practicar ante los diversos retos que podamos encarar en nuestro tránsito por esta tierra. Según esta Palabra, nuestra seguridad personal y mental puede sostenerse de manera absolutista dentro de la victoria de la cruz.

Entonces podemos decir sin espacio para ninguna duda: ¡Paz, cuan dulce paz, es aquella que tú nos has dado!

«Por nada estéis afanosos, sino sean conocidas vuestras peticiones delante de Dios en toda oración y ruego, con acción de gracias. Y la paz de Dios, que sobrepasa todo entendimiento, guardará vuestros corazones y vuestros pensamientos en Cristo Jesús» (Filipenses 4:6-7).

Una de las mayores causas relacionadas con los problemas de salud mental, así como de salud física, es la ansiedad. Los académicos han definido que la terminología ansiedad proviene del latín *anxietas*, lo cual significa "angustia" o "aflicción".

Una de las características adversas de la ansiedad es que puede llevar a las personas a somatizar, experimentando síntomas de condiciones que no poseen. Condiciones tales como lupus, alta y baja presión, desbalances en los niveles de azúcar, son solo algunas de las condiciones que se manifiestan en el cuerpo como válvulas de escape debido a altos niveles de tensiones experimentadas por quienes sufren de ansiedad severa.

Ansiedad es una anticipación inconsciente de un daño o desgracia futuros, que se manifiesta como un sentimiento incómodo o síntomas somáticos de tensión.

Creo que por esta razón Jesucristo mismo nos instó a no permitir que nada, absolutamente nada, nos produjera ansiedad. Él conoce nuestra naturaleza, y sabía lo nociva que podría resultar la ansiedad para nuestra vida. Por el contrario, nos invitó a llevar nuestras preocupaciones ante el cielo en oración, acompañadas con una buena dosis de acción de gracias. Cristo mismo nos modeló con Su ejemplo una vida de oración libre de ansiedades.

Como consecuencia de esta receta divina, el resultado prometido y garantizado, nada más y nada menos, es la paz de Dios, la cual sobrepasa toda capacidad intelectual existente sobre la tierra. Ante las palabras del Nazareno, estoy persuadido de que podemos vivir y vivir más. Sobre todo creo que podemos tener una vida emocional saludable si rendimos todas nuestras ansiedades ante los pies del Eterno.

Desecha las ansiedades y comienza hoy mismo a disfrutar tu travesía por la tierra de los vivos.

"Céntrate en el viaje, no en el destino. La alegría se encuentra no en terminar una actividad, sino en hacerla", según palabras del pianista norteamericano Greg Anderson.

14

La familia es la espina dorsal de una vida abundante

Cuando Dios creó el universo, culminó su obra maestra con la composición del hombre y la mujer. Es indispensable reconocer que la familia es la corona de la creación de Dios. Es mi intención llevarte a conocer un principio que traerá luz a todas las habitaciones y rincones de tu alma.

La familia, al igual que la espina dorsal, trabaja a favor del cuerpo debido a que la misma sostiene la compostura y el equilibro de nuestra vida. Cada vértebra es imprescindible y si se lacera, afecta todo el funcionamiento del movimiento corporal. De igual forma funciona el concepto divino de un hogar bajo la cobertura del cielo, ya que todos los miembros son importantes, así como las vértebras lo son para la espina dorsal.

«La familia sería, será y es la espina dorsal de una vida abundante cobijada por la bendición del cielo».

El Eterno sabía que al crear en primera instancia la familia nos estaba dando el siguiente mensaje de forma directa y clara: La familia sería, será y es la espina dorsal de una vida abundante cobijada por la bendición del cielo.

La familia fue el primer legado y el más importante ministerio que Dios le entregó al ser humano. Dentro de este concepto entró la instrucción de crecer, multiplicarse y llenar la tierra. En adición, cuando el Creador fundó el paraíso deseaba darnos un nivel de vida superior al que conocemos convencionalmente hoy día. El modelo original consistía en una vida plena donde el ser humano lograra vivir dentro del marco de la divinidad de su Creador.

No solamente Dios deseaba y desea darnos un nivel de vida excelente. De acuerdo a nuestra capacidad de ser obedientes a sus parámetros celestiales, en retribución Él nos prometió brindarnos su bendición divina entregándonos un señorío especial sobre la tierra.

«Todo lo que te hace esclavo y no "señor" no proviene del cielo».

El modelo original fue hecho para que tengamos una vida donde no seamos señoreados, sino que podamos señorear. Por esta razón nada debe representar una atadura en tu vida. Todo lo que te hace esclavo y no "señor" no proviene del cielo. Fuiste creado para señorear, para ser más que un vencedor y para ser digno representante del reino de los cielos.

Y creó Dios al hombre a su imagen, a imagen de Dios lo creó; varón y hembra los creó. Y los bendijo Dios, y les dijo: Fructificad y multiplicaos; llenad la tierra, y sojuzgadla, y señoread en los peces del mar, en las aves de los cielos, y en todas las bestias que se mueven sobre la tierra (Génesis 1:27-28).

El deseo del corazón de Dios es que todos sus hijos, algún día lleguemos a formar una familia bajo su bendición. La base central de la relación debe ser el compromiso, y ese compromiso te llevará a desarrollar un hogar lleno de amor. En múltiples instancias dentro de las Sagradas Escrituras nos encontraremos con un postulado que nos dice que Dios es amor; esa es su esencia más pura. No debemos dudar jamás de esa premisa sobre el amor y su correlación directa con Dios, pues es el eje que mueve el universo.

Amados, amémonos unos a otros; porque el amor es de Dios. Todo aquel que ama, es nacido de Dios, y conoce a Dios.

1 Juan 4:7

Cuando dos personas unen sus vidas para siempre lo hacen, no solo bajo el efecto de un enamoramiento, sino bajo convicciones más profundas que les tocan el alma. Cuando un hombre y una mujer se unen en matrimonio y deciden formar una familia, lo hacen porque ha nacido entre ellos un sentimiento mucho más insondable que trasciende, así que desean perpetuarlo.

«Comenzarás a vivir más cuando comiences a amar».

Si entre dos personas existe amor genuino y limpio, entonces entre ellos está manifestándose la misma esencia de Dios, porque hemos reconocido que Él es amor. Por tanto al unirse una pareja ante un altar, están sellando con la bendición del cielo que entre ellos se ha manifestado la presencia del Eterno y un pedacito de cielo.

Creo con todas mis fuerzas que comenzarás a vivir más cuando comiences a amar. No olvidemos que la esencia del Creador es el amor. Por tanto, al estar sumergidos en su esencia, encontramos la plenitud de la vida.

"Vivimos en el mundo cuando amamos", expresó el célebre científico Albert Einstein. Así mismo, las Sagradas Escrituras nos dicen lo siguiente sobre el poder del verdadero amor:

> *«Hay tres cosas que son permanentes: la confianza en Dios, la seguridad de que él cumplirá sus promesas, y el amor. De estas tres cosas, la más importante es el amor»* (1 Corintios 13:13 TLA).

Te voy a obsequiar el mejor filtro para que puedas identificar el verdadero amor durante tu andar diario por la vida. La Palabra de Dios nos da unas cualificaciones que nos permiten evaluar si un sentimiento es digno, genuino y bueno. A continuación te las compartiré, expresadas en 1 Corintios 13: 4-7 (TLA).

El que ama tiene paciencia en todo, y siempre es amable. El que ama no es envidioso, ni se cree más que nadie. El amor no es orgulloso. No es grosero ni egoísta. No se enoja por cualquier cosa. No se pasa la vida recordando lo malo que otros le han hecho. No aplaude a los malvados, sino a los que hablan con la verdad. El que ama es capaz de aguantarlo todo, de creerlo todo, de esperarlo todo, de soportarlo todo.

Me gustaría hacerte un llamado a la conciencia si posees la dicha y el privilegio divino de ser padre o madre. Los hijos son un regalo del cielo que en ocasiones resulta menospreciado inconscientemente. Lo expreso de esta forma, pues nuestra sociedad nos ha impulsado a llevar un ritmo de vida tan desenfrenado que apenas miramos a la cara o les hablamos a nuestros seres amados, en especial a nuestros hijos, estando bajo el mismo techo.

Créeme que comprendo lo complicado que resulta salir airoso dentro todos los papeles que nos toca fungir dentro de un núcleo familiar. No obstante, me resulta imprescindible decirte que cuides a tus hijos. Conviértete en su mejor amigo, en su héroe. Permite que te miren con más admiración de lo que miran a los íconos de esta sociedad. Abre las puertas de la confianza para que en el momento que tengan una dificultad acudan a ti y no al amigo de la calle.

La Palabra dice que ellos son nuestra herencia. La raíz de esta palabra proviene del latín *haerentia*, entiéndase un conjunto de bienes, derechos y obligaciones que recibimos de alguien más. Cuando Dios decidió darnos hijos nos dio un bien, un derecho y sobre todo, una obligación de encaminarles correctamente. Además, son la extensión de nuestra existencia. Cuando yo ya no esté en este mundo terrenal, quedará sobre la tierra un poco de la esencia de Benjamín Rivera dentro de mis hijas Laura y Paula.

Por otro lado, me resulta interesante observar que una de las causas que más ha generado inestabilidad en las presentes generaciones emergentes, es el desequilibrio dentro de ese marco llamado "familia". Si la familia está bien, al igual que en el paraíso, el ser humano podrá gozar de una vida hermosa y plena. Si la familia se desestabiliza, se desarticula o se rompe, de igual forma el resto del equilibrio del universo entero se verá estremecido de forma adversa.

Nuestros jóvenes se están retrayendo del concepto de familia porque durante las últimas décadas la familia ha estado bajo un ataque tenaz. Quiero decirte que todavía existe esperanza para la familia. Quiero presentarte mi ejemplo como un motivo de expectación positiva en torno a la temática de familia.

Soy esposo, soy padre, soy hijo y también soy hermano. Puedo asegurarte que no soy perfecto, pero cada uno de los seres que amo me hace mejor persona. Cada uno de ellos fue colocado por Dios dentro de mi existencia para complementarme, y llevarme a vivir más. Mis padres me dieron la formación de mi carácter en mis primeras instancias de vida, me enseñaron valores y principios, pero sobre todo, me mostraron el camino a Dios. Mis hermanos han sido mis compañeros de sueños;

juntos hemos volado por las alturas, haciendo música para exaltar al Eterno. Han sido mis amigos y mis cómplices.

Mi esposa Bernice ha sacado lo mejor de mí. Ella me ha hecho crecer como persona, y como un hombre de Dios. Es una mujer extraordinaria que ha sabido reír junto a mí, pero también me ha sostenido cuando me he sentido desmayar. Jamás podré agradecerle lo suficiente al cielo por el regalo tan inmenso que me otorgó el día que uní mi vida a ella. Cada vez que miro a sus ojos puedo recordar la Palabra de mi Padre que me dice:

«Si ya tienes esposa, ya tienes lo mejor: ¡Dios te ha demostrado su amor!» (Proverbios 18:22 TLA).

Mayor aún es mi respeto por esta gran mujer, a quien orgullosamente llamo mi esposa, porque me dio las joyas más valiosas que poseo: mis hijas. Cada una de ellas ilumina mi vida y me permite ver la bendición del cielo manifestada en mi simiente, recordándome:

«He aquí, herencia de Jehová son los hijos; cosa de estima el fruto del vientre» (Salmo 127:3).

Quiero exhortarte a que valores tu familia y les cuides; esa es la clave para llevar una vida plena y en comunión con Dios. Muchas veces menospreciamos las personas más importantes de nuestra existencia porque damos por sentado que siempre estarán ahí. No cometas ese error, vive al máximo, pero vive de tal forma que valores y aprecies plenamente tus seres amados. No sacrifiques los corderos de tu casa por cosas o personas externas. Aprende a establecer prioridades, y podrás disfrutar de manera más intensa el regalo de la familia que Dios te ha entregado.

Es relevante mencionar que aun Cristo nos dio modelaje en torno a este tema, pues tuvo la formación de un hogar terrenal bajo el modelo original del cielo con un padre y una madre. Si todavía no has formado una familia, procura buscar la dirección de Dios a la hora de seleccionar esa persona especial que convertirás en tu compañero o compañera de viaje en esta travesía que llamamos vida.

De otra parte, si en algún momento de tu vida sufriste un fracaso dentro de esta área, eso no significa que estás descalificado para la felicidad. Bienvenido a la raza de los mortales. Todos los seres humanos de una forma u otra hemos pasado por alguna situación que no fue la más placentera o donde por alguna razón nos equivocamos, pero eso no significa el final de la vida.

Por el contrario, toda experiencia que vivimos nos añade conocimiento que se traduce en sabiduría. Así que simplemente, con cada vivencia nos volvemos más sabios. Dios en su misericordia nos imparte luz para que usemos a nuestro favor el conocimiento obtenido, incluso para bendecir y hasta ayudar a otras personas. Dios es Padre de misericordias, el experto restaurándonos, así como levantándonos de entre las cenizas.

Tal vez sientas que el concepto de familia para ti ya expiró, y que tu vida no es más que un valle de huesos secos. Si eso ha pasado por tu mente, te tengo excelentes noticias: Él es experto resucitando huesos secos. No es el final para ti, amigo. Todavía Dios está dispuesto y disponible a brindarte la dicha de una vida plena, incluso dentro de ese concepto: una familia.

«Así ha dicho Jehová el Señor a estos huesos: he aquí, yo hago entrar espíritu en vosotros, y viviréis. Y pondré tendones sobre vosotros, y haré subir sobre vosotros carne, y os cubriré de piel, y pondré en vosotros espíritu, y viviréis; y sabréis que yo soy Jehová» (Ezequiel 37:5-6).

Quisiera compartir contigo algunas afirmaciones positivas sobre el concepto del amor bueno y de la familia, emitidas por múltiples personajes célebres de nuestra sociedad. Curiosamente todos han coincidido en la idea del modelo original, llegando a la comprensión de la perfección del concepto divino sobre la familia establecido en el Edén.

"La familia es la cosa más importante del mundo". - Princesa Diana de Gales

"¿Qué puedes hacer para promover la paz mundial?. Ve a casa y ama a tu familia". - Madre Teresa de Calcuta

"Un hombre viaja alrededor del mundo para buscar lo que necesita y vuelve a su hogar para encontrarlo". - George Moore, novelista irlandés

"Gran parte de lo mejor que hay en nosotros está ligado a nuestro amor a la familia, que sigue siendo la medida de nuestra estabilidad porque mide nuestro sentido de la lealtad. Todos los otros pactos de amor o temor derivan de ella y se modelan sobre ella" - Haniel Long, poeta y novelista americano.

"La familia es el País del corazón. Hay un ángel en la familia que por la influencia misteriosa de la gracia, de dulzura, de amor, hace que el cumplimiento de los deberes menos fatigosas y las penas menos amargas".- Giuseppe Mazzini, revolucionario del "Resurgimiento" italiano.

Deseo culminar dejándote un principio sumamente importante estipulado en la Palabra de Dios. La única forma que una familia puede prevalecer ante las dificultades de la vida, es fundamentándose sobre la roca eterna que es Cristo. Un hogar sin la presencia de Dios no sobrevivirá a las turbulencias de la existencia en este mundo. Todo aquel que pretende edificar un hogar lejos de Dios lo está cimentando sobre arena, y cuando lleguen las tormentas no sobrevivirá.

Esta porción escritural se titula curiosamente, "El prudente y el insensato":

«Por tanto, todo el que me oye estas palabras y las pone en práctica es como un hombre prudente que construyó su casa sobre la roca. Cayeron las lluvias, crecieron los ríos, y soplaron los vientos y azotaron aquella casa; con todo, la casa no se derrumbó porque estaba cimentada sobre la roca. Pero todo el que me oye estas palabras y no las pone en práctica es como un hombre insensato que construyó su casa sobre la arena. Cayeron las lluvias, crecieron los ríos, y soplaron los vientos y azotaron aquella casa, y ésta se derrumbó, y grande fue su ruina» (Mateo 7:24-27 NVI).

La decisión está en tus manos si deseas vivir una vida plena, vivir más y tener una familia de acuerdo al modelo de Dios. La decisión es tuya sobre dónde edificarás tu vida, y si serás "prudente" o "insensato".

Es mi oración que la prudencia triunfe sobre la insensatez y que puedas vivir la vida que Dios ya diseñó para ti. *¡Vive más!*

15

Los prisioneros de la amargura viven menos

Randi Gunther, Ph.D., con 40 años de experiencia en el campo de la salud mental, escribió las siguientes expresiones sobre la amargura para la revista *Psychology Today*:

"Nadie nace amargado. Es un comportamiento y una actitud aprendida. De hecho, es la peor manifestación de pesimismo existente, con matices que derivan en el cinismo y en la desesperanza".

«Podemos vivir presos de nuestros impulsos o tomar dominio sobre ellos».

Si la amargura es un comportamiento aprendido, según la adoptamos, la podemos rechazar. Es una decisión de vida cómo manejamos nuestras emociones. Podemos vivir presos de nuestros impulsos o tomar dominio sobre ellos en el nombre de Jesucristo.

Es increíble la cantidad de personas que transitan por este mundo con un corazón preso y encadenado por la amargura, privándose a sí mismos de vivir una vida sana y mucho más profusa. La amargura es como una polilla o un germen que se va carcomiendo por dentro el alma de quien lo porta. Tal y como ocurre cuando la madera se ve afectada por uno de estos gérmenes, por fuera todo parece estar muy bien. Pero al abrir las puertas del armario del corazón, la amargura se ha carcomido las partes más valiosas del alma, dejándole profundos huecos. Así de peligrosa y destructiva es la amargura, pues puede llegar a robarte los mejores años de tu vida.

«Dios nos promete restaurar los años que nos han sido robados».

Está probado clínicamente que la amargura es una emoción de inmensa tristeza, quebranto, así como de resentimiento. La misma se manifiesta en las personas como resultado de alguna vivencia negativa.

Te tengo buenas noticias: las vivencias que nos marcan de esta forma tienen alivio y posibilidad de ser sanadas ante la presencia del Eterno. Él es nuestro Sanador y Restaurador. La Palabra de Dios nos promete restaurar los años que nos han sido robados.

«Y os restituiré los años que comió la oruga, el saltón, el revoltón y la langosta» (Joel 2:25).

Algunos de los sinónimos relacionados con la palabra amargura son los siguientes: desconsuelo, dolor, sufrimiento y mortificación, entre otros. Si llevas en tu espíritu el germen de la amargura, su sintomatología está privándote de vivir a plenitud, y de disfrutar todos los beneficios que el cielo tiene separados para ti.

Entre los efectos nocivos que produce esta emoción tan dañina se encuentran las siguientes manifestaciones: puede provocar que suframos trastornos sicológicos, puede ocasionar que experimentemos estremecimientos vinculados a la ira, y puede hasta lograr sumergirnos en una depresión.

Por esta razón, los efectos de la amargura están íntimamente enlazados a diversas complicaciones de la salud. Dichas consecuencias emocionales afectan biológicamente el corazón y nuestro sistema inmunológico, haciéndonos más débiles en todas las áreas de nuestra existencia humana.

¿Quién desea estar preso de un mal como este? A la luz de estos datos, la amargura literalmente puede acelerar tu envejecimiento, y finalmente la muerte. Si quieres vivir más y disfrutar de la vida que Dios desea darte, debes despojarte de toda amargura.

Estás a tiempo para cambiar de dirección. De joven recuerdo un refrán popular que decía "me traes por la calle de la amargura". Te puedo asegurar que nadie merece que vayas en esa ruta, pues su final nunca será bueno.

Entiendo que tenemos derecho a experimentar la sensación de haber sido ofendidos o heridos. Pero resulta peligroso coquetear por las vías de la amargura y el resentimiento.

Si transitas por mucho tiempo por esas oscuras y lúgubres calles, terminarás perdiendo el rumbo de regreso a casa. En el camino solamente te cruzarás con horrendas criaturas, tales como la desesperanza, el desaliento, el odio y e la muerte.

«Mirad bien, no sea que alguno deje de alcanzar la gracia de Dios; que brotando alguna raíz de amargura, os estorbe, y por ella muchos sean contaminados» (Hebreos 12:15).

La gracia de Dios incluye una vida sana y próspera en todos los sentidos. Pero el escritor bíblico nos advierte claramente que las raíces de amargura pueden estorbarnos, y privarnos de alcanzar esa clase de vida excelente que el Padre desea para nosotros.

Más aún, este verso nos revela un principio sumamente interesante: la amargura es contagiosa y dañina para quienes nos rodean.

Las buenas noticias son que el amor de Dios puede hacerte libre de las garras de la amargura. En sus brazos y de cara a la cruz del calvario, donde ocurrió la más grande manifestación de amor reconocida en la historia de la humanidad, podrás encontrar libertad. Solo allí podrás liberarte de este germen tan nocivo, el cual intenta quitarle años a tu vida, y envejecer tu alma y tu cuerpo.

He aquí la regla dorada para ser libre de este enemigo silencioso:

«Quítense de vosotros toda amargura, enojo, ira, gritería y maledicencia, y toda malicia» (Efesios 4:31).

La primera palabra en este verso implica una acción que solamente tú voluntariamente podrás hacer. *"Quítense"* implica una acción de remover algo voluntariamente. Por esto, única y exclusivamente la persona afectada por la amargura, puede decidir extirparla de su vida, y empezar a respirar los aires de libertad destinados para los que caminan en amor.

¿Qué vas a decidir hoy?

¿Seguirás viviendo una vida mediocre y sintiendo pena por ti mismo, por lo que te ocurrió? ¿Seguirás celebrando todos los días una fiesta de auto compasión, o decidirás ser como las águilas, e ir por encima de las tempestades que te han lastimado?

"La libertad, cuando comienza a echar raíces, es una planta de rápido crecimiento", dijo el primer presidente estadounidense, George Washington.

Decídete hoy por la libertad emocional, por una vida de paz y de perdón.

Convéncete de que es un milagro sobrenatural que todavía estás de pie. Ten respeto por ti mismo, pues eres un sobreviviente. Atrévete a mirar tus experiencias pasadas como aquellas piedras que te lanzaron para destruirte, pero con las cuales has construido una maravillosa fortaleza para tu existencia.

No quiero restarle valor a tus vivencias; entiendo que puedas haber sufrido y que te hayan herido. Lo que intento hacerte ver es que indiscutiblemente, si estás aquí después de todas las experiencias difíciles que has vivido, es porque el amor y gracia divina te han preservado. No es una casualidad que aún estés en la tierra de los vivos. Estás aquí porque tu vida tiene un propósito divino.

No me cabe la menor duda de que con cada piedra que te han lanzado, construiste una fortaleza impenetrable para la derrota.

Permíteme regalarte un pasaje que ha brindado gran fortaleza a mi corazón, cuando a mí también las piedras de la amargura han intentado lacerarme y marcar mi vida.

«¿Quién podrá separarnos del amor de Jesucristo? Nada ni nadie. Ni los problemas, ni los sufrimientos, ni las dificultades. Tampoco podrán hacerlo el hambre ni el frío, ni los peligros ni la muerte".… En medio de todos nuestros problemas, estamos seguros de que Jesucristo, quien nos amó, nos dará la victoria total» (Romanos 8:35 y 37 TLA).

Nada ni nadie podrá separarte de su amor. Por encima de todas las cosas, ya Dios te constituyó más que un vencedor, asegurándote la victoria por medio del amor de su Hijo manifestado en la cruz. Por tanto, te invito a mirarte con los ojos que el cielo te contempla.

¡Dios no te ve como una víctima; Él te ve como más que un vencedor! ¡En Él tienes asegurada una existencia de victoria total! ¡Cuán maravilloso saber que podemos ser libres para vivir, soñar y sobre todo, para perdonar!

Confío con todas mis fuerzas en que este será el día que decidas darle la espalda a la amargura. Es mi oración que logres salir de esa sombría calle por donde has transitado demasiado tiempo. Este es tu momento de transitar por la avenida de vida que Dios destinó para ti, indiscutiblemente una avenida de vida mucho mejor y cuantiosa.

16

El poder libertador del perdón

En mi caminar por esta tierra he aprendido que el perdón hace más libre a la persona que lo otorga, muchísimo más que a la persona que lo recibe. Cada vez que perdonamos nos crecemos como personas y como hijos de Dios.

«Se requiere gran fortaleza, seguridad personal y equilibrio emocional para ejecutar la acción del perdón».

"Solamente aquellos espíritus verdaderamente valerosos saben la manera de perdonar", dijo el ensayista y novelista inglés, Laurence Sterne. Esta cita implica que existe una relación directa entre el perdonar y la valentía. Por tanto, quien haya dicho que el perdonar es un acto de debilidad o cobardía se equivocó rotundamente.

Se requiere gran fortaleza, seguridad personal y equilibrio emocional para ejecutar la acción del perdón. Al perdonar, decidimos ir por encima de un atentado contra nuestra integridad personal, el cual pretende alterar nuestra naturaleza. Cuando perdonamos a quienes nos hacen mal, estamos exclamando que no seremos contaminados por la maldad de elementos externos, y que no cederemos nuestra naturaleza divina otorgada por el cielo.

Cada vez que perdonamos estamos dando literalmente un grito de independencia de la oscuridad que intenta apoderarse de nuestra vida. Estamos pronunciando que no seremos alterados por acciones de terceros, y que no cambiaremos nuestra esencia sana por una oscura, manchada por la maldad de otros.

Obviamente, no podemos evitar que nos visiten las ofensas, los golpes o las acciones hirientes de otras personas, pero sí podemos decidir qué haremos, y cómo actuaremos ante estos visitantes indeseados.

Si alguna vez has recibido un paquete mediante una compañía de envíos postales, debes recordar que siempre te darán un formulario que te permite aceptar el envío, o devolverlo al destinatario.

Lo que trato de exponerte es que no tienes por qué recibir y hacer tuyos estos actos que pretenden herirte. El poder del perdón está dentro de ti, dispuesto y disponible para brindarte la fortaleza de rechazar el recibo de cualquier envío que atente contra tu dignidad buscando herirte. Dios así te diseñó, con la inmensa e innegable capacidad de perdonar.

¡El perdón es un arma tan poderosa, que ante ella todo enemigo queda neutralizado inmediatamente! Liberar a otro ser humano mediante la otorgación del perdón es un acto de valía suprema. Solo el poder del perdón del cielo, y el amor inmutable del Creador puede llevarnos a ese nivel de realización interna de una capacidad de vida superior a la de los demás mortales.

«Nadie merece que te prives de vivir la extraordinaria vida que Dios ha dispuesto para ti».

Por otra parte, debo hacerte conciencia de una verdad que probablemente te sorprenderá. Cada día que desperdicias sumergiéndote en la falta de perdón, eres tú y solamente tú quien te envejeces, y le restas fuerzas al corazón. Cada día que malgastas en la falta de perdón, te enfermas emocionalmente privándote a ti mismo de una vida mejor. Aunque suene duro, es la cruda realidad. Hazte la siguiente pregunta: ¿la persona que me hirió merece que yo envejezca antes de tiempo y le reste días a mi vida? Confío que la respuesta será que nadie merece que te prives de vivir la extraordinaria vida que Dios ha dispuesto para ti.

Es muy probable que el causante de tu herida emocional o sicológica se encuentre irónicamente viviendo más que tú, enajenado del daño causado. Mientras tanto, tú estás nadando en las aguas de la amargura, ahogándote en la auto compasión. No me parece que ese sea el plan del cielo para ti. Te invito a reaccionar, a sacudirte de todo mal sentimiento. Usa a tu favor el poder libertador del perdón provisto por el cielo.

Una de las definiciones del perdón es explicada como la acción de perdonar, un verbo que hace alusión a requerir o conferir a alguien el indulto de un compromiso o una falla. Por tanto, el perdonar es una acción que brinda empoderamiento al que lo recibe, pero sobre todo, a quien lo otorga.

La misma Palabra de Dios nos invita a practicar el perdón dentro de múltiples porciones escriturales.

A continuación te compartiré algunas de ellas con la esperanza de que traspasen tu corazón, y te lleven a comprender que el perdón te hará libre para vivir más.

«Por el contrario, sean buenos y compasivos los unos con los otros, y perdónense, así como Dios los perdonó a ustedes por medio de Cristo» (Efesios 4:32 TLA).

Este pasaje nos sugiere que naveguemos contra la corriente de este mundo, que en ocasiones se torna oscuro ante la sombre del odio y la amargura.

Dios nos brindó el mayor modelaje de perdón mediante el regalo de su Hijo en la cruz. Él llevó todas y cada una de nuestras faltas, dándonos un indulto inagotable. Si Dios fue capaz de indultarnos, ¿qué nos impide indultar a otros? Sería ineficaz que Dios nos hable de perdón sin Él haberlo practicado primero. Sin embargo, nuestro Padre nos mostró su amor siendo aún no merecedores del mismo, perdonándonos y liberándonos del peso de nuestras faltas

«El que perdona la ofensa cultiva el amor; el que insiste en la ofensa divide a los amigos» (Proverbios 17:9 NVI).

¡Qué extraordinario es saber que tenemos la opción de cultivar el amor! Una de las cualidades más poderosas que Dios le entregó al ser humano fue el poder de decisión.

Entiéndase que está en nuestras manos insistir en las ofensas, recibirlas y retenerlas, u optar por dejarlas ir, perdonar y ser libres, haciendo también libre a nuestro ofensor.

¿Cuántas amistades habrás perdido porque simplemente no fuiste capaz de perdonar una ofensa? Al fin y al cabo todos hemos ofendido y fallado alguna vez; ciertamente nadie es perfecto. Persistamos en el amor y en el perdón; no nos aferremos a las ofensas.

«Sembrar el perdón siempre germinará en una buena cosecha».

Nunca olvides que todos pertenecemos a la misma raza de mortales y todos, absolutamente todos, alguna vez hemos ofendido con o sin intención.

Te aseguro que si conviertes el ejercicio del perdón en parte integral de tu vida, será una semilla que rendirá grandes frutos en tu caminar. Sembrar el perdón siempre germinará en una buena cosecha. El perdón no solo liberta, sino que produce cambios trascendentales en el ser humano.

Es mi más sincera oración que al final de estas humildes líneas hayas podido comprender esta verdad: "Vencer y perdonar, es vencer dos veces", decía Pedro Calderón de la Barca, célebre dramaturgo español.

17

"A mal tiempo, buena cara"

Una actitud positiva y un buen semblante pueden hacer la diferencia aun ante los escenarios más complicados que podamos enfrentar. En ocasiones, nuestra actitud ante una dificultad puede determinar cuánto tiempo invertiremos sobreponiéndonos a la misma.

Haré una pausa antes de proseguir en el desarrollo de este tema, porque me parece muy importante presentarte un ejemplo de lo que quiero decirte cuando me refiero a cómo tu actitud afecta tu estadía dentro de la superación de un proceso adverso.

La Palabra de Dios nos narra, en el libro de Éxodo, cómo el pueblo de Israel fue sacado de la tierra de Egipto. Dios levantó un libertador llamado Moisés que les sacó de las garras del faraón y del yugo de servidumbre luego de muchos años de esclavitud. No obstante, Israel era un pueblo un poco complicado en su manejo de las adversidades.

Probablemente al haber estado dentro de un escenario adverso por tanto tiempo, su percepción se había visto alterada, y les resultaba difícil ver los aspectos positivos, enfocándose en los negativos principalmente.

Este pueblo, acabando de experimentar su liberación y de camino a la tierra prometida, comienza a ver solamente los elementos que le faltaban y los factores que consideraban negativos, deseando increíblemente regresar a Egipto. Esta actitud les costó mucho.

Muchas veces la familiaridad con nuestras adversidades puede traicionarnos, haciéndonos desarrollar empatía con las mismas, tal como lo hacen las personas que sufren el "síndrome de Estocolmo".

No desarrolles empatía con aquellas cosas que te hacen daño. Sobre todas las cosas, busca lo positivo en todo. Enfócate en lo bueno que tiene Dios para ti. No hagas como el pueblo de Israel, que en medio de su liberación, se enfocaron en lo que les faltaba, obviando la gran victoria que habían obtenido. Te aseguro que el mismo Dios que abrió el Mar Rojo para Israel, y les sacó con mano poderosa de Egipto, está dispuesto a moverse a tu favor.

Israel estuvo 40 años en el desierto principalmente por sus problemas de actitud ante el manejo de sus situaciones. Aquel recorrido entre Egipto y la tierra prometida pudo haberse realizado en cuestión de semanas, pero una mala actitud retrasó por cuatro décadas el destino de un pueblo.

No fue hasta que se levantó una generación con una visión positiva, que Israel pudo entrar a la tierra prometida. Nuestra actitud es determinante en el cumplimiento del plan divino para nuestra vida.

Todas y cada una de nuestras vivencias, positivas así como negativas, son una enseñanza. Pero somos nosotros los que decidimos si aprenderemos algo o no de las mismas.

Recuerdo cuando niño escuchar a mis "viejos" decir con una gran convicción la siguiente expresión, cada vez que algo no salía como esperaban: "A mal tiempo, buena cara".

Con este dicho ellos estaban dándonos el mejor ejemplo de cómo vivir con una mentalidad positiva. Esto nos ayudaría a enfrentar de manera más efectiva las tempestades que encontraríamos en nuestro andar diario.

Una "buena cara" es equivalente a una buena actitud, y a la prevención de estar listos para enfrentar las dificultades que puedan visitarnos. Una "buena cara" también puede traducirse en una percepción positiva, la cual voluntariamente decidimos asumir, aún cuando las cosas no marchen al cien por ciento como deseamos.

Benjamín Franklin, célebre político, pionero científico e inventor estadounidense dijo: "No anticipéis las tribulaciones ni temáis lo que seguramente no os puede suceder. Vivid siempre en un ambiente de optimismo". Esta afirmación de Franklin nos extiende una invitación directa a vivir creando, constante y consistentemente, una atmósfera de optimismo.

Para poder presentarle una buena cara a la vida y lograr vivir más, es necesario aprender a respirar los aires de libertad que están accesibles para quienes deciden vivir del lado de la luz del Padre. Para alcanzar esta clase de vida debemos haber renunciado por completo a la oscuridad que intenta dominar este mundo.

Lo opuesto a una buena actitud es la apropiación de la negatividad. Te garantizo que una actitud adversa solamente podrá engendrar más negatividad. Es inútil y estéril amarrarte a la cama, y llorar como una persona desequilibrada, sucumbiendo a la auto compasión.

«Dios se mueve en la dimensión de los positivos. Él no resta, suma; Él no divide, multiplica».

La negatividad genera el rechazo de las personas que gozan de una vida sana. Nadie que tenga salud mental deseará estar al lado de una persona que vive centrada en el negativismo. Dios se mueve en la dimensión de los positivos. Él no resta, suma; Él no divide, multiplica.

Te lanzo un reto para que renuncies en este mismo momento por completo a desperdiciar tu existencia dentro de la conmiseración de la negatividad. Te invito a desistir de todo pensamiento oscuro que intente invadir tu mente.

Dice un adagio español que en la vida hay que "tomar el toro por los cuernos". Dentro de la sabiduría popular, esto significa que no debemos huirles a los problemas o retos. Más bien debemos encararlos, y hacerlo con "buena cara", pero sobre todo, con valentía.

En fin, "el 96% de nuestros temores no se cumplen nunca", según el periodista asturiano, Ramón Sánchez Ocaña.

Otra de las claves para vivir una vida más provechosa es comprender que resulta imposible tener absolutamente controladas todas las cosas que nos ocurren y rodean. Es por esta razón que quiero exhortarte a que no desperdicies tus energías emocionales ni mentales en cosas que te producen ansiedad. Decídete a vivir el presente, extrayendo el máximo del "aquí y ahora", con una visión y percepción positiva de la vida.

«Decídete a vivir el presente, extrayendo el máximo del "aquí y ahora"».

De igual forma, te diré que por experiencia personal he aprendido que habrá momentos en que nuestra mejor defensa será dejar que el viento sople, permitiendo que las cosas fluyan dentro de su curso natural hasta que hayan entrado en orden divino.

No te quepa la menor duda que no hay mejor lugar para encontrar la energía y fuerzas necesarias para adoptar una actitud positiva, como en la presencia del Creador; corre hacia Él.

«Torre fuerte es el nombre de Jehová; a él correrá el justo, y será levantado» (Proverbios 18:10).

¿Qué te parece si mientras esperamos que las tormentas pasen y se manifieste el amor del Padre a nuestro favor, procuramos escondernos a la sombra de sus alas?

«A la sombra de tus alas cantaré, porque tú eres mi ayuda. Mi alma se aferra a ti; tu mano derecha me sostiene».

(Salmo 63:7-8 TLA)

Si alguna vez has visto cómo las gallinas protegen a sus polluelos, tal vez has notado que ellas los esconden debajo de sus alas para que nada ni nadie los dañen. De la misma forma, Dios cuida de nosotros siempre, así de real y sencillo como te lo estoy explicando; así es su amor.

Como un ejercicio de afirmación positiva te invito a hacer tuyas las palabras del rey David, quien exclamó:

«Porque Jehová el Señor me ayudará, por tanto no me avergoncé; por eso puse mi rostro como un pedernal, y sé que no seré avergonzado» (Isaías 50:7).

18

Decide reír más

"La raza humana tiene un arma verdaderamente eficaz: la risa", expresó el escritor y periodista norteamericano, Mark Twain.

La risa es contagiosa y posee grandes efectos curativos. La misma posee múltiples propiedades beneficiosas para la salud, tales como la estimulación de oxigenación en el cuerpo humano, haciendo que entre a los pulmones el doble de ventilación; provoca que la piel se ventile mejor; es un analgésico, pues cada vez que decides reír se producen endorfinas. Estos son equivalentes a unos calmantes producidos por el cerebro, con una gran similitud a la morfina.

«Invierta diariamente no menos de cinco minutos en una risa continua».

Los científicos recomiendan que usted invierta diariamente no menos de cinco minutos en una risa continua, para que este tiempo actúe como un analgésico natural a su favor. ¡Qué increíble el poder que tiene una buena carcajada!

Está probado que para sonreír usamos menos músculos faciales que para permanecer serios. Para ser más precisos, utilizamos solamente doce músculos para emitir una sonrisa.

«El corazón alegre hermosea el rostro...».

Proverbios 15:13

Otra de las impresionantes propiedades positivas de la risa es que tiene el poder de rejuvenecernos, y es el mejor antiarrugas que podrás encontrar en todo el planeta.

Las personas que ríen poco y no ejercitan su sentido del humor poseen impresionantemente un sistema inmunológico sumamente débil, en comparación a aquellas que saben practicar el arte de expresar su alegría.

Reír es un ejercicio consciente que emitimos descargando nuestras ansiedades mediante una válvula de escape positiva. Al lanzar una buena carcajada, estás declarando que por encima de todas las cosas, la tristeza no ha ganado.

Tal y como un buen soldado toma su espada en la batalla para afirmar su puesto, así también tú puedes afirmarte en Dios y en el poder de su fuerza, con tan solo decidir sonreír.

"El rostro es el espejo del alma", según Marco Tulio Cicerón, cónsul de la República de Roma. Este postulado expone una gran verdad, pues de acuerdo a nuestro estado anímico, nuestro rostro se transforma en un marco de referencia directo para quienes nos rodean.

De acuerdo a nuestro semblante, quienes nos conocen pueden descifrar cómo se encuentra nuestro espíritu. He aprendido que nuestras expresiones faciales son solamente la proyección de aquellos pensamientos que albergamos en nuestro corazón.

Tenemos una gran responsabilidad de administrar el suministro de información que depositamos en nuestra mente, pues el mismo nos afecta positiva o negativamente. Para poder usar la risa como un arma, debes procurar obtener las municiones adecuadas. Trae a tu memoria las promesas de Dios, así como momentos felices.

No esperes tener un espíritu alegre si vives evocando momentos de dolor, y flagelándote emocionalmente. Por ejemplo, si terminaste recientemente una relación sentimental, no es sano que estés escuchando canciones románticas que evoquen tristeza. De igual manera, si recibiste un diagnóstico médico adverso, no es saludable que estés indagando si tienes toda la sintomatología de la condición. No me entiendas mal; no es mi intención incitarte a darle la espalda a la realidad.

Solamente deseo hacerte conciencia de que a medida que más alimentes tus temores y ansiedades, más crecen los mismos, apoderándose de tus pensamientos. La Palabra de Dios nos dice lo siguiente sobre el poder que poseen los pensamientos relacionados a la alegría:

> *«No hay mejor medicina que tener pensamientos alegres.*
> *Cuando se pierde el ánimo, todo el cuerpo se enferma».*
> Proverbios 17:22 TLA

Toma tiempo para alimentar tu mente con pensamientos que te lleven por el camino de la alegría. Te invito a contar tus bendiciones. A veces tenemos la tendencia a enfocarnos en aquellas cosas que nos faltan, o de las que consideramos que carecemos. Haz una lista de tus bendiciones en comparación con las situaciones negativas que te estén ocurriendo.

Te aseguro que la balanza siempre se inclina más del lado de las bendiciones, y al final tus resultados te harán lanzar una gran sonrisa al universo.

BENDICIONES VS. *SITUACIONES NEGATIVAS*

_____	_____
_____	_____
_____	_____
_____	_____
_____	_____
_____	_____
_____	_____
_____	_____
_____	_____
_____	_____

19

Celebra tus triunfos y aprende de tus errores

El ilustre "caudillo" de la independencia hispanoamericana, Simón Bolívar, apuntó: "Para el logro del triunfo siempre ha sido indispensable pasar por la senda de los sacrificios". Bolívar, también exclamó: "El arte de vencer se aprende en las derrotas".

Hay dos cosas que son esenciales e importantes de asimilar para poder vivir apreciando al máximo cada instante de vida. Primero es necesario aprender a celebrar nuestras victorias y triunfos, pero de igual manera es relevante aprender de nuestros errores o aparentes derrotas. Digo "aparentes" derrotas porque si logras aprender algo positivo en el proceso, no ha sido una derrota absoluta, pues lograste sacar algún fruto para tu crecimiento como persona. Una verdadera derrota sería pasar por un proceso, y no obtener ningún conocimiento del mismo.

Te invito a que celebres tus logros, triunfos y victorias, recompensándote a ti mismo; existen muchas formas de hacerlo.

«Celebrar tus triunfos se constituye en una auto-recompensa que activa el motor de tu autoestima».

Puedes tomar un día solamente para ti, leer algún libro que hace mucho tiempo estás deseando repasar, o simplemente hacer una pausa dentro de tu rutina para ver algún programa de TV que sea de tu agrado.

Celebrar tus triunfos se constituye en una auto-recompensa que activa el motor de tu autoestima. Los gustos y auto-recompensas más simples pueden resultar los más satisfactorios, y curiosamente son gratuitos.

Por ejemplo, ver un hermoso atardecer o sentarse a la orilla del mar son experiencias de incalculable valor, pero completamente libres de costo. Entonces, ¿qué esperas para darte un poco de cariño? Anímate, vive más…

En ocasiones desafortunadamente menospreciamos nuestras victorias dejándolas pasar inadvertidas, "sin pena, ni gloria". Esto no debería ser así. Aprende a ser capaz de identificar cuando hayas obtenido un triunfo ante un reto impuesto, para que puedas celebrar tu victoria.

De otro lado, no pierdas de perspectiva que para quienes viven su vida de la mano del Padre, todas las cosas trabajan para su bienestar. Por tanto, podemos concluir que no hay derrota en Él. Tenemos garantía de una vida de victoria total, aun en medio de los problemas de este mundo.

«En medio de todos nuestros problemas, estamos seguros de que Jesucristo, quien nos amó, nos dará la victoria total».
Romanos 8:37 TLA

No importa cuántas veces te caigas o tropieces en tu caminar, no son las caídas las que cuentan en tu progreso por esta tierra, sino las veces que te sacudes el polvo de las rodillas, levantándote valientemente para retomar el camino. Puedes caerte, pero está escrito que te levantarás con el poder y la ayuda del cielo.

«Porque siete veces podrá caer el justo, pero otras tantas se levantará; los malvados, en cambio, se hundirán en la desgracia».
Proverbios 24:16 NVI

Nunca dudes que cada tropiezo que has experimentado ha sido un proceso de aprendizaje. La única manera en que logramos crecer y madurar increíblemente es mediante nuestros errores. Para que el proceso del crecimiento personal pueda darse, es meritorio que aceptemos nuestras faltas y que no busquemos esconderlas o justificarlas.

Si nos hundimos dentro de la justificación para no afrontar nuestras faltas, abortamos el proceso de crecimiento. No tengas temor al crecimiento personal. Sé que crecer duele, pero te garantizo que paga excelentes dividendos.

Cada experiencia añade valor a nuestra vida, en la medida que la utilizamos adecuadamente. Lo importante de nuestros errores es que una vez los hayamos identificado, aprendamos a no repetirlos. No te martirices ante tus faltas. Solamente recuerda que es importante no establecer un patrón de repetición de ellas. Cuando logramos identificar nuestras faltas, debe ser nuestra meta personal superarlas con la ayuda de Dios.

De otra parte, es necesario establecernos metas a corto y largo plazo. No te conformes acomodándote a los logros ya conquistados. Aquellas personas que viven más, no solamente celebran sus triunfos y aprenden de sus errores, sino continuamente están en la búsqueda de nuevos retos. Llénate de un hambre insaciable por obtener más del regalo de la vida que el Creador depositó en tus manos.

Interesantemente, existe una filosofía oriental dentro del credo corporativo que todos deberíamos adoptar. La misma fue creada por Masaaki Imai, denominada como "Kaizen". Este pensamiento corporativo postula que "el mejoramiento nunca termina, pues es un proceso que no posee un punto de terminación".

¿Qué te parece si comienzas a vivir aplicando el principio del "Kaizen"? ¡Procura con la ayuda del cielo que el mejoramiento nunca termine en tu vida!

20

Todo tiempo pasado no fue mejor... *Let it go!*

Son muchas las personas que viven esclavizadas por algún tipo de fijación relacionada a su pasado, evocando tiempos que supuestamente fueron mejores.

Puede que hayas estado viviendo en el pasado sin darte cuenta de que estás desperdiciando tu presente, y poniendo en riesgo tu futuro por un simple espejismo.

El poeta castellano Jorge Manrique presentó la siguiente expresión en sus *Coplas por la muerte de su padre:* "...a nuestro parecer cualquiera tiempo pasado fue mejor...".

Este pensamiento ha golpeado a muchos grandes pensadores durante siglos, quienes han evocado el pasado como un mejor tiempo, pero la realidad es que tu mejor momento es el presente.

Cada tiempo y cada espacio dentro de la historia de la humanidad ha tenido sus propios retos, desgastes, así como instancias positivas. Si nos concentramos en mirar hacia el pasado como un mejor tiempo, y menospreciamos nuestro presente, esta acción es equivalente a ir conduciendo un vehículo a cien millas por hora mirando por el espejo retrovisor. ¡El resultado de vivir mirando hacia atrás siempre será nefasto!

Siendo honestos con nosotros mismos, descubriremos que tenemos mucho equipaje emocional que necesitamos soltar de nuestro pasado para podernos desplazar en el presente, y movernos hacia el futuro.

El aferrarnos a experiencias pasadas, positivas o negativas, solo nos conduce al estancamiento, pues no podemos vivir perpetuando el pasado. Según es nocivo revivir experiencias negativas, así mismo es dañino vivir de glorias pasadas. Es hora de soltar y dejar ir todo lo que detiene tu avance.

En ocasiones suelo compartir este pensamiento en mis predicaciones: "Nuestro pasado de gloria, así como un pasado de fracaso, ambos atentan en contra de lo que Dios puede y desea hacer hoy en nosotros". Muchas veces luego de haber experimentado grandes conquistas en nuestro pasado, nos podemos acomodar a las mismas. Debo decir que tan peligroso es hacernos residentes permanentes de un pasado de fracaso, como vivir dentro de la "descansada" comunidad de las glorias pasadas.

> *«Es hora de soltar y dejar ir todo*
> *lo que detiene tu avance».*

Las glorias pasadas han estancado a muchos, privándolos de vivir nuevas temporadas dentro de su caminar con Dios, y dejándoles sepultados en el desierto del olvido. No podemos vivir en el pasado. Cada etapa que el cielo nos regala tiene su belleza y su tiempo de manifestación.

La palabra del Eterno nos habla de que Él desea llevarnos "de gloria en gloria".

> *«Por eso, todos nosotros, ya sin el velo que nos cubría la cara, somos como un espejo que refleja la gloria del Señor, y vamos transformándonos en su imagen misma, porque cada vez tenemos más de su gloria, y esto por la acción del Señor, que es el Espíritu…»* (2 Corintios 3:18 DHH).

Quiere decir que lo que viví en mi pasado no es comparable con las bendiciones y las glorias venideras que están por manifestarse. No obstante, si estamos aferrados al pasado, no podremos darle paso a la bendición presente que el Padre desea derramar sobre nuestras vidas. Ciertamente necesitamos soltar el pasado, y proseguir hacia al frente a todo lo nuevo, maravilloso y sorprendente que Dios tiene preparado para quienes desean llevar la clase de vida que Él ofrece.

En los últimos años una famosa animación del cine para niños popularizó un tema musical que está grabado en la memoria de todos los que somos padres. La canción poseía una poderosa frase: *Let it go* (Déjalo ir).

«Deja ir las glorias pasadas para que puedas abrazar una nueva temporada divina».

Mi recomendación para ti es exactamente esa: déjalo ir. Es tiempo que dejes ir todo lo obscuro, todo lo que te haya herido, todo pensamiento relacionado a tu pasado que se ha convertido en un ancla que no te deja moverte hacia adelante. Incluso deja ir las glorias pasadas para que puedas abrazar una nueva temporada divina.

En fin, llénate de valor y anímate a cantarlo, como lo haría un pequeñito, a todo pulmón, hasta que lo internalices: *Let it go, let it go, LET IT GO!*.... ¡Suelta y deja ir en el nombre de Jesucristo!

> *«Hermanos, yo mismo no pretendo haberlo ya alcanzado; pero una cosa hago: olvidando ciertamente lo que queda atrás, y extendiéndome a lo que está delante...».*
>
> Filipenses 3:13

El apóstol Pablo nos dice claramente en este verso que debemos dejar el pasado atrás para poder movernos hacia adelante de forma progresiva. El fruto de vivir en el presente, dejando ir el pasado, está garantizado por la misma Palabra de Dios cuando nos instruye de la siguiente manera:

> *«No recuerden ni piensen más en las cosas del pasado. Yo voy a hacer algo nuevo, y ya he empezado a hacerlo. Estoy abriendo un camino en el desierto y haré brotar ríos en la tierra seca».*
>
> Isaías 43:18-19 TLA

Para que Dios pueda hacer cosas nuevas en tu vida, debes dejar ir el pasado reconociendo que tu mejor tiempo es aquí y ahora.

Debes erradicar de tu mente toda memoria que te conduzca a revivir experiencias negativas previamente vividas. Mientras haces ese ejercicio de liberación mental, Dios está preparando cosas nuevas, fascinantes y únicas para ti.

Si queremos que Dios haga un camino en medio de los desiertos de la vida para nosotros, y que haga brotar ríos aun en la tierra seca de nuestras circunstancias, debemos estar dispuestos a no mirar más hacia atrás.

¡Decide mirar hacia adelante, y no desperdicies un segundo más en el valle del pasado!

21

Una vida llena de regalos

Para poder comenzar a tocar este tema, la siguiente pregunta es inevitable. ¿Qué es un regalo?

Generalmente entendemos por un regalo que es una muestra positiva de algún tipo de aprecio, ofrecida sin esperar, ni pedir nada en retribución. Un obsequio no es algo que pedimos o solicitamos; se nos ha dado voluntaria y libremente por la parte que lo brinda.

Todos los días estamos recibiendo múltiples regalos de la mano del Creador, aun sin darnos cuenta, ni percibirlo.

> *«Sé que cada mañana se renuevan su gran amor y su fidelidad».*
> Lamentaciones 3:23 TLA

Cada día que Dios nos permite despertar, respirar, ver, oír y sentir es un regalo inmerecido que recibimos del cielo. Es importante que seamos buenos administradores de tan preciados obsequios, aprendiendo a alimentar el alma de tal modo que podamos apreciarlos.

Voy a invitarte a que hagas un recuento de todos los regalos que diariamente recibes del cielo, y de todos los que puedes compartir con tus semejantes. Te daré algunos ejemplos de ellos:

Un abrazo… Una sonrisa… Una palabra positiva… Tu comprensión y empatía… Un consejo sabio… Tu compasión y caridad… Un momento de tu tiempo…

Es mi deber decirte que unos de los regalos más valiosos que podemos otorgar o recibir son el tiempo y nuestra presencia. Ciertamente, quien nos entrega su tiempo nos da lo único que jamás podrá recuperar.

«No esperes tener el tiempo; crea los momentos, propícialos intencionalmente».

¿Cuándo fue la última vez que le brindaste tiempo de calidad a tus seres amados? No les restes valor a esos momentos de calidad que inviertes en aquellas personas que amas.

No esperes tener el tiempo; crea los momentos, propícialos intencionalmente. Si no creamos las oportunidades de pasar tiempo de calidad con nuestros seres amados, jamás compartiremos con ellos, pues la corriente de este mundo y sus afanes conspirarán en nuestra contra. En mi vida, es una regla de oro hacer y crear los espacios de tiempo de calidad que invierto con mis seres amados.

Es nuestra responsabilidad abrir esas ventanas de tiempo. Sé que son muchas nuestras faenas que conspiran contra la creación de ese momento especial. Pero estoy convencido que con la sabiduría del cielo podrás manejar prudentemente tu tiempo, brindándoles a tus seres amados momentos únicos.

Curiosamente, al final de sus días algunas personas se quejan de que han terminado su camino solas, y que nadie les procura. No obstante, me pregunto, si ese fruto será solamente el resultado de una mala siembra.

La Palabra de Dios dice que todo lo que el hombre siembra, eso cosecha:

> *«No crean ustedes que pueden engañar a Dios. Cada uno cosechará lo que haya sembrado»* (Gálatas 6:7 TLA).

Procura sembrar en quienes te rodean una semilla de amor, fe y esperanza. Sus buenos frutos te seguirán todos los días de tu vida. Nunca olvides que una palabra buena puede ser como un bálsamo. Por tanto, procura que tus palabras edifiquen, convirtiéndose en el regalo más anhelado de quienes se relacionan contigo.

Sería poderoso que cada vez que pases por un lugar, las personas puedan reconocer en ti a un repartidor de regalos celestiales. ¡Qué increíble sería que te percibieran como esa persona que posee la bendición de iluminarles el día a las personas a su alrededor! Vivimos en un mundo sombrío, carente de la luz de Cristo. ¿Sabías que tienes el poder de impactar tu entorno con tan solo una palabra de fe y una sonrisa?

Muchas personas que transitan por tu lado están enfrentando grandes batallas mentales y espirituales. Algunos se debaten con la idea de privarse de la vida. Ante esta realidad tú y yo tenemos una gran responsabilidad como distribuidores de los regalos del cielo.

En nuestras manos está el poder de compartirlos, y uno de esos obsequios es la esperanza. ¿Por qué no darles a otros la medicina que ha curado nuestro corazón? No seamos egoístas espiritualmente, y démosle al mundo una dosis de cielo.

Sé que para algunos de ustedes resulta difícil asimilar la naturaleza de un Dios bueno que desea hacerles bien, tal vez por concepciones erróneas acerca de la figura del Padre. Es mi anhelo que llegues al pleno entendimiento del amor tan inmenso que Dios siente por ti.

La naturaleza es otro de los regalos que el cielo nos ha dado. Alguna vez te has preguntado: "¿Qué pintor ha podido plasmar un amanecer o un atardecer tan magistralmente como nuestro Creador?"

Así mismo, el murmullo de las olas del mar y el canto de las aves del cielo son una impresionante sinfonía que conspira a nuestro favor para calmar nuestro espíritu.

«Los cielos cuentan la gloria de Dios, y el firmamento anuncia la obra de sus manos» (Salmo 19:1).

Aprende a disfrutar los regalos del cielo viviendo al máximo; no te limites tú mismo. Dios te ha dado esta vida para que crezcas, te multipliques, prosperes, y alcances tus más grandes anhelos.

"Advertir la vida mientras se vive, alcanzar a vislumbrar su implacable grandeza, disfrutar del tiempo y de las personas que lo habitan, celebrar la vida y el sueño de vivir, ese es su arte", según palabras del escritor oriundo de Querétaro, México, Doménico Cieri Estrada.

22

Atrévete a vivir

Nuestro Padre Celestial nos invita a vivir intensamente cada día que nos regala. Él desea que vivamos y que lo hagamos de forma plena, sin miedos o inseguridades.

"Vivir es lo más peligroso que tiene la vida", dice la letra de una canción del reconocido músico y compositor español, Alejandro Sanz. Esa letra presenta un reto implícito a atrevernos a vivir la vida de manera más audaz.

Las siguientes preguntas surgen en mi mente al recordar esas palabras: ¿Por qué tantas personas no se permiten vivir una vida abundante? ¿Por qué hemos estado dispuestos a conformarnos con vivir dominados por el temor cuando fuimos creados para señorear la tierra?

«¡Atrévete a vivir y no seas prisionero del miedo!»

Tristemente, miles de personas viven prisioneros del temor, privándose de experimentar la dicha y alegría que Dios separó para ellos desde antes de la fundación del mundo.

¡Atrévete a vivir y no seas prisionero del miedo; eres más que bendecido, tienes un día más!

¿Alguna vez al despertar has pensado lo afortunado que eres de ver la luz de un nuevo día, y cuántas personas no pudieron presenciar ese milagro porque su existencia expiró? Puede sonar trágico, pero es la realidad. Diariamente millones dejan de existir y, sin embargo, a Dios le place regalarnos otro milagroso día más. Aprende a valorar tu tiempo, tus horas y tus días sobre esta tierra.

Te garantizo que estamos sobre la faz de este planeta porque el divino Creador así lo decidió. No somos un accidente buscando un lugar dónde ocurrir. Su deseo fue darnos el regalo de la vida; por esto respiró su propio aliento sobre ti y sobre mí.

¿Te has planteado el hecho de que si no fuiste un parto troncado o uno de los miles niños que terminan siendo abortados dentro del globo terráqueo, es porque hay un plan divino para tu vida? No dudes que el aliento del cielo está depositado en ti.

«Entonces Dios tomó un poco de polvo, y con ese polvo formó al hombre. Luego sopló en su nariz, y con su propio aliento le dio vida. Así fue como el hombre comenzó a vivir».

Génesis 2:7 TLA.

¡Qué increíble que de un poco de tierra, Dios pudiera formar al ser humano! Pero lo más impactante es que el Arquitecto del universo nos diera su propia respiración, brindándonos así el inicio de la vida.

Sí; todo comenzó con su aliento. ¿Por qué no comenzamos por ahí? Atrévete a respirar.

Muchas personas viven sin aliento, angustiadas y llenas de ansiedades que a duras penas les permiten hacer algo tan básico como inhalar y exhalar de manera natural.

Está comprobado científicamente que el proceso de la respiración solamente lo experimentan los entes que están vivos, debido a su imperante necesidad de oxígeno para subsistir. Es por esta razón que podemos decir que el proceso respiratorio es indispensable y esencial para vivir.

El proceso de oxigenación del cuerpo humano es una excelente metáfora de cómo debemos ejercitar la vida. Cada vez que respiramos estamos dando entrada al oxígeno en nuestro cuerpo, pero simultáneamente estamos eliminando el bióxido de carbono, el cual no precisamos.

¿Qué tal si comenzamos a respirar positivismo, palabras buenas, las promesas de Dios, la compañía de personas que nos edifican, y al mismo tiempo decidimos de una buena vez eliminar de nuestro entorno aquellas ideas que nos producen temor?

¿Qué te parece si al igual que hacemos con el bióxido de carbono, comenzamos a desechar a todas las personas que solamente nos alimentan nuestras angustias, generándonos inestabilidad? No está de más recordar estas palabras:

«¡No se dejen engañar! Bien dice el dicho, que las malas amistades echan a perder las buenas costumbres».
1 Corintios 15:33 TLA

Hoy es un excelente día para comenzar a vivir correctamente, inhalando todas las bendiciones del Padre, y exhalando cada uno de los temores que el mundo ha intentado sembrar en tu alma. Llénate de motivación por vivir y por alcanzar tus sueños.

"Motivación es cuando tus sueños se ponen ropa de trabajo", afirmó el político, científico e inventor estadounidense, Benjamín Franklin.

¡La decisión de vestir tu motivación de trabajo y esfuerzo atreviéndote a vivir más, está en tus manos!

23

La vida les pertenece a los soñadores

Si te decides a vivir más, debes saber que la vida les pertenece a quienes se atreven a soñar y a asumir riesgos.

"Si no estás dispuesto a correr riesgos y si no te atreves a dejar que te llamen demente aquellos que dudan de tu genialidad, entonces tal vez nunca alcances tu sueño" son palabras de Nick Vujicic, orador motivacional y director de la organización *Life Without Limbs*.

El ser humano necesita soñar y tener visiones para desplazarse exitosamente por la vida. Como cuestión de hecho, las grandes invenciones de las que disfrutamos hoy día, fueron en primera instancia simplemente una visión. ¡Qué distinto sería nuestro mundo si los grandes inventores no se hubiesen atrevido a soñar!

«El dividendo de los riesgos siempre sobrepasará tus inseguridades».

La vida está compuesta por un conjunto de riesgos que asumimos mientras transitamos por ella. Son estos los que hacen de ella una aventura interesante, y digna de experimentar a plenitud. No tengas temor de asumir riesgos, porque el dividendo de los riesgos siempre sobrepasará tus inseguridades.

"Da tu primer paso con fe. No es necesario que veas toda la escalera completa. Solo da tu primer paso", decía Martin Luther King.

Ese primer paso que damos hacia la realización de nuestros sueños es el más importante. Quizás no tengas definido totalmente el camino o cómo vas a lograr tus sueños, pero si no te comienzas a mover hacia su consumación, perecerás en el valle del olvido y las lamentaciones. Comienza a dar pasos de fe. Poco a poco, en el caminar descubrirás las respuestas a tus interrogantes. A medida que camines por fe hacia tus sueños, verás que Dios respalda a los visionarios. Es más, su Palabra dice:

«Por fe andamos y no por vista» (2 Corintios 5:7).

Imagínate por un instante qué habría pasado de no haberte atrevido a decirle a la chica o chico que amabas lo que sentías por ella o por él. Tal vez hoy no tendrías un hermoso hogar. Probablemente no estarías disfrutando de una vida familiar como lo haces hoy. Tampoco habrías tenido la dicha de ser padre, por tan solo mencionar algunos de los hermosos regalos que nos brinda el modelo familiar creado por Dios. Por consiguiente el atreverse a soñar, combinado con nuestra valentía, vale la pena en gran manera.

«Cobra valor y atrévete; no te rindas ante el miedo».

Habrá momentos que aunque sintamos temor de movernos hacia el alcance de nuestros sueños, debemos ejercitar la valentía, y sobreponernos a esa sensación de frío olímpico que nos invade cuando intentamos algo nuevo. Cobra valor y atrévete; no te rindas ante el miedo. Solamente así, llenándonos de valentía, lograremos vivir más y sin ningún arrepentimiento.

Me resisto rotundamente a la idea de llegar a viejito lamentándome por aquellas cosas que un día soñé hacer, pero por temor no las ejecuté. Si Dios nos ha dado la vida y el tiempo sobre esta tierra es para usarlos al máximo. Rehúsate a llegar al ocaso de tu vida arrepintiéndote por no haber vivido soñando un poco más.

Interesantemente, el ser humano tiene resistencia a los cambios, pero estos son los que habitualmente traen consigo el progreso. La vida es un constante proceso de cambios, tanto en lo físico y perceptible, así como en lo intrínseco. Debemos estar abiertos con una mente positiva y dispuesta a las variaciones que enfrentamos, para asimilar todo lo bueno que dichos cambios traerán consigo.

"Solo cabe progresar cuando se piensa en grande. Solo es posible avanzar cuando se mira lejos", expresó el filósofo y ensayista español, José Ortega y Gasset.

Haz el propósito de establecerte metas a corto y largo plazo. Pero sobre todas las cosas, te invito a enumerar aquellos sueños que aspiras alcanzar antes de abandonar la tierra de los mortales.

Hace algunos años recuerdo haber visto una película que narraba la historia de dos hombres que enfrentaban enfermedades terminales. Estos se encontraban compartiendo la misma habitación de hospital. Lo más que me cautivó fue la habilidad con la cual el guionista entrelazó a los dos personajes principales, pues a pesar de lo diferentes de sus trasfondos, ambos tenían la similitud de sueños sin cumplir. En síntesis, el rodaje nos presenta cómo por este motivo, ambos hombres deciden hacer juntos una lista de dichos sueños sin cumplir, para intentar realizarlos antes de fallecer.

Si Dios te ha dado un tiempo en esta tierra regalándote el don de la vida, procura usarlo sabiamente. Atrévete no solamente a existir, atrévete a vivir, pero más aún sueña con todas las fuerzas de tu corazón y hazlo con los ojos abiertos.

"La posibilidad de realizar un sueño es lo que hace que la vida sea interesante" son palabras del célebre novelista y dramaturgo brasileño, Paulo Coelho.

24

Deja atrás los fantasmas del pasado

H ay episodios, personas, así como áreas en tu vida que necesitas soltar y dejar atrás para poder extenderte hacia la vida abundante que Dios tiene destinada para los que le aman. No, este no es un tema repetido en el libro.

Es otro aspecto de la inclinación que tenemos a aferrarnos al pasado, que quiero que manejes aparte.

"Algunas personas piensan que aferrarse a las cosas les hace más fuertes, pero a veces se necesita más fuerza para soltar que para retener", en palabras del novelista alemán, condecorado con el Premio Nobel de Literatura de 1946, Hermann Hesse.

Debo alertarte que existen ataduras del alma que pueden llegar a convertirse en algo muy parecido a un grillete, que no te permitirá moverte en la dirección que deseas a menos que decidas ser libre.

Hoy día hay grilletes que pueden ser electrónicos. Estos son usados para limitar el perímetro de movimiento de una persona confinada, dentro de un cierto radio de acción determinado. Este tipo de artefacto no le permite al portador salir de un círculo en particular, privándole de cualquier tipo de avance. Así mismo ocurre cuando permites que el pasado se apodere de tu presente; no podrás avanzar hasta que sueltes.

¿Crees que seas portador de algún "grillete"?

Deseo que hagas una introspección profunda para que puedas identificar todo lo que detiene tu avance y tu progreso. En ocasiones somos conscientes de que tenemos ataduras que nos limitan en nuestro caminar por la vida. Sin embargo, nuestros vínculos emocionales y afectivos, particularmente, suelen traicionarnos al momento de tomar decisiones racionales, pues el sentimiento suele imponerse.

«Nada que te convierta en un reo es digno de estar dentro de tu entorno».

No importa cuál sea la atadura que te está deteniendo, Dios te creó como un ser libre, y necesitas comprender que nada que te convierta en un reo es digno de estar dentro de tu entorno.

Sé que puede ser difícil identificar que algo nos hace daño cuando pensamos que ese algo o alguien llenan algún vacío existencial de nuestra vida. No obstante, te invito a que te hagas la siguiente pregunta. ¿Son más los momentos de felicidad que ese algo o alguien me produce, en comparación con los momentos de infelicidad que me ha ocasionado? Estoy seguro que la respuesta a esta pregunta te ayudará a encontrar el camino a tu liberación.

Haz una pausa para meditar e identificar qué está deteniendo tu avance en la vida, particularmente dentro de las siguientes áreas:

Espiritual:

Sicológica:

Financiera:

Familiar:

Profesional:

«Mas vosotros sois linaje escogido, real sacerdocio, nación santa, pueblo adquirido por Dios, para que anunciéis las virtudes de aquel que os llamó de las tinieblas a su luz admirable».
1 Pedro 2:9

Hemos sido llamados a vivir como gente de excelencia con una ascendencia especial, literalmente separados por el Creador del universo para cumplir grandes propósitos en esta tierra.

Sin embargo, resulta incompatible con nuestro llamado divino, si nos encontramos viviendo como vagabundos entre las sombras del pasado, presos de la oscuridad. Entre las tinieblas solo pueden habitar las sombras de los fantasmas y miedos que intentan detenernos de alcanzar su luz admirable.

«El pasado no debe dictar jamás el rumbo de tu presente, y mucho menos marcar la dirección de tu futuro».

Obviamente, los fantasmas no existen, pero me pareció la mejor figura poética para ilustrar aquellas cosas, personas o episodios del pasado que nos persiguen, arrinconándonos en el valle del conformismo.

Si has logrado identificar tus fantasmas, es hora de enfrentarlos y descubrir que no tienen ningún poder sobre ti. El pasado no debe dictar jamás el rumbo de tu presente, y mucho menos marcar la dirección de tu futuro.

El corazón del Padre anhela que prosigas hacia adelante sin mirar atrás. Cada día es una nueva oportunidad que el cielo te regala para que vuelvas a empezar sin temor a equivocarte, y aun si falláramos, Él nos ha prometido levantarnos.

«Cuando a Dios le agrada la conducta de un hombre, lo ayuda a mantenerse firme. Tal vez tenga tropiezos, pero no llegará a fracasar porque Dios le dará su apoyo» (Salmo 37:23-24 TLA).

Para lograr movernos en la dirección de progreso que Dios desea otorgarnos es vital comprender que en muchas ocasiones no hemos cerrado ciclos de nuestra vida que necesitamos concluir. Quizás no hayamos completado ciertos procesos por miedo al dolor que pudiera producirnos la confrontación de nuestros temores o fantasmas.

¡Ármate de valor en el nombre de Jesucristo, encendiendo la luz de la fe en tu alma. y notarás que los fantasmas se desvanecerán! Extiéndete hacia adelante; atrás no tienes nada que buscar.

"Demolí todos los puentes detrás de mí para no tener otra opción que seguir adelante", expresó el científico y diplomático noruego, Fridtjof Nansen, ganador del Premio Nobel de la Paz de 1922.

25

Sigue el camino de los vivos

Me resulta particularmente interesante la siguiente ilustración que nos presenta el Evangelio de Lucas sobre un joven que desea seguir a Jesucristo.

«Después Jesús le dijo a otro: ¡Sígueme!... Pero él respondió: Señor, primero déjame ir a enterrar a mi padre. Jesús le dijo: Lo importante es que tú vayas ahora mismo a anunciar las buenas noticias del reino de Dios. ¡Deja que los muertos[a] entierren a sus muertos!» (Lucas 9:59-60 TLA).

Estos versos tal parecieran una radiografía del corazón de Dios, quien al llamarnos a vivir más nos insta a desconectarnos de todas las cosas muertas que nos rodean. Nada vivo en este planeta, de acuerdo al diseño divino del Creador, puede permanecer conectado a un organismo muerto, porque eventualmente se afectará adversamente.

La muerte trae consigo un proceso de descomposición sumamente desagradable que eventualmente tiene una pestilencia muy particular. De igual forma ocurre en el mundo espiritual. Si caminas mucho tiempo con personas muertas internamente, su hedor se irá adhiriendo a ti también, y culminará afectándote negativamente.

Cristo conocía esta regla divina, y por eso nos lanza un llamado a ser libres de todo vestigio de muerte si deseamos caminar con Él. Si miramos metafóricamente el pasaje, encontraremos grandes riquezas para la aplicación práctica del mismo en nuestro diario vivir.

La pregunta imperativa es: ¿Cuáles son tus muertos? ¿Hace cuánto tiempo estás en el proceso del duelo sin culminar el acto de entierro?

Comprendemos que las siguientes etapas pertenecen al proceso de duelo indiscriminadamente de cuál sea la pérdida en cuestión:

Negación: Negar que ha sucedido la pérdida. Es una forma de bloqueo inconsciente.

Indiferencia o ira: Impotencia ante no poder evitar la pérdida. En esta etapa se suelen buscar razones causales y culpables.

Negociación: Se comienza un proceso de negociar por parte del individuo con su entorno, buscando el equilibrio entre lo negativo y lo positivo ocurrido a raíz de la pérdida.

Dolor emocional: Se atraviesa por profundos estados de tristeza. Estos pueden convertirse en episodios depresivos, pero responden a la intensidad del duelo en cuestión.

Aceptación: Finalmente, afrontamos que la separación es ineludible. Por tanto, no implica un olvido, sino una conciliación con la realidad.

«Todos tenemos algún muerto que enterrar dentro de nuestro armario personal».

Habiendo observado las diferentes etapas que posee el proceso de duelo, debo destacar que todos tenemos que pasar por alguna o todas ellas. Eso es normal. Lo que no es saludable es detenerte en una etapa, y no superarla. Lo más importante es no procrastinar el proceso que conlleva dichos duelos, o lo que podemos percibir como una merma.

Todos tenemos algún muerto que enterrar dentro de nuestro armario personal. A veces lo que puede parecer como una pérdida realmente es una ganancia. ¿Por qué no podemos verlo así? Lo que ocurre es que no nos agrada la sensación del desprendimiento.

Es muy probable que tu duelo no sea por lo que estás soltando, sino por la ilusión de lo que pudo ser, pero no llegó a ser.

En muchas instancias elevamos nuestras expectativas sobre las personas y las cosas. Creamos una falsa sensación de que poseemos un bien que no existe en ningún lugar, excepto en nuestros pensamientos. Cuando nos enfrentamos a la realidad, dichas expectativas nos pueden traicionar generándonos una sensación falsa de haber perdido algo que nunca tuvimos.

«No puedes seguir el camino de los vivos, conectado a los muertos».

Cuando Jesucristo le habló al joven del pasaje relatado por Lucas, pareciera aplicar un tono un tanto frío e insensible, pero la gran lección detrás de sus palabras es la siguiente: No puedes seguir el camino de los vivos, conectado a los muertos.

Aun la naturaleza nos habla de este principio que intento compartir contigo. Las personas que cuidan plantas haciendo jardinería explican lo siguiente. Cuando las hojas mueren en una planta o se secan, es imprescindible quitar las partes afectadas, porque el tejido no se regenera.

De igual manera, hay "zonas muertas" que Dios tendrá que cortar de tu existencia para que no te marchites. La siguiente promesa es para aquellos que siguen el camino de los vivos, erradicando de su vida todo lo muerto que impide la manifestación del Eterno.

> *«El justo florecerá como la palmera; Crecerá como cedro en el Líbano. Plantados en la casa de Jehová, en los atrios de nuestro Dios florecerán. Aun en la vejez fructificarán; estarán vigorosos y verdes»* (Salmo 92:12-14).

Cada ciclo que se cierra o concluye no debe ser motivo de desasosiego, sino el anuncio de una mejor temporada. Por cada duelo que vivimos, debemos comprender que nacerá una nueva ilusión y un nuevo sueño. Estoy más que convencido que Dios jamás nos dejará huérfanos de la esperanza que habita en Él.

Es mi oración que los inviernos que hayas podido estar atravesando y las pérdidas sufridas en el camino, no te nublen la capacidad de vislumbrar que la primavera pronto llegará.

Te aseguro que nada impedirá que transites por el camino de los vivos. Nada podrá detener "la primavera" de Dios para ti. Naciste para peregrinar por sendas de paz, y para morar en los brazos del Eterno. Abraza la vida y abandona los muertos que te han detenido en tu andar. Deja que los muertos entierren a sus muertos.

¡Hoy es el día para que comiences a recorrer el camino de los vivos!

"Podrán cortar todas las flores, pero no podrán detener la primavera", decía el poeta chileno, Pablo Neruda.

26

Comienza a escribir tu historia

E l precursor del Modernismo literario hispanoamericano, político y escritor cubano, José Martí, dijo en una ocasión: "Hay tres cosas que cada persona debería hacer durante su vida: plantar un árbol, tener un hijo y escribir un libro". Te contaré que he ido escribiendo durante los pasados años el libro de mi vida, de la mano del Arquitecto de mis días. Puedo asegurarte que he vivido mi vida con gran pasión y valentía, deleitándome en observar el cuidado perfecto que Dios ha tenido de mí en mi estancia en esta tierra.

Me atrevo asegurarte que Él ha trazado mis pasos por sendas de bien, pues su deseo es que viva al máximo reflejando la grandeza del cielo. ¡Él siempre le brindará su aprobación al camino de los justos!

Si por alguna razón tus caminos han estado torcidos, permite que Él los ordene para bien. Solamente así podrás comenzar a escribir las páginas de una historia que trascienda.

«Por Jehová son ordenados los pasos del hombre, y él aprueba su camino» (Salmo 37:23).

Vivo abrazando todos los días la convicción de que fui creado para buenas obras, para llevar un mensaje de bien, y para edificar a mis semejantes. Nunca olvides que los hijos de Dios somos instrumentos del cielo para iluminar a un mundo perdido. La luz no se esconde, sino se coloca en un lugar alto para que ilumine toda la casa.

VIVE MÁS +

Partiendo de esa premisa, tengo la certeza de que Dios desea posicionar a sus hijos en lugares prominentes. Si el cielo te permite llegar a un lugar alto, ten por seguro que será para que, desde allí, puedas dar testimonio de su grandeza, e iluminar a la humanidad.

«Atrévete a despertar cada mañana escribiendo la historia de tu vida sobre el lienzo de la fe».

Creo con todas mis fuerzas que vale la pena escribir mi historia, que cada día es una página en blanco que Dios me entrega como quien coloca un lienzo en manos de un diestro pintor, para que cree hermosas impresiones. ¡Qué increíble que el Creador nos diera la oportunidad extraordinaria de escribir nuestra propia historia! Él no pretendió que fueras la copia de nadie, ni una vana repetición de alguna historia pasada. Anímate a tomar el pincel de la esperanza y la ilusión, para que comiences a crear una obra maestra con tu vida. Atrévete a despertar cada mañana escribiendo la historia de tu vida sobre el lienzo de la fe, trazando tu caminar con buenas obras de la mano del Amado.

«Porque somos hechura de Dios, creados en Cristo Jesús para buenas obras, las cuales Dios dispuso de antemano a fin de que las pongamos en práctica» (Efesios 2:10 NVI).

No permitas que los días pasen por encima de ti sin escribir un nuevo capítulo. No dejes en blanco el lienzo maravilloso que Dios te regaló para narrar tu travesía por esta tierra. Sería muy triste que al partir, cuando estés en el ocaso de tus días, solamente dejes una hoja en blanco, la cual no cuente nada a las generaciones venideras. Él te ha dado una existencia extraordinaria digna de relatar, dejándoles tus experiencias y aprendizajes como herencia a tus sucesores.

Creo que todos estaríamos agradecidos si alguien cercano nos hubiese dejado de herencia, al partir, un manual de vida relatándonos sus vivencias. Sería excelente tener alguna forma de guía para consultar, cuando ya no podamos levantar el teléfono y escuchar esa voz de sabiduría que nos suele aconsejar.

Sobre todas las cosas, creo pertinente que les dejemos a nuestros seres amados el conocimiento aprendido en el caminar por esta tierra. De todo corazón, te invito a que te llenes de entusiasmo, y comiences a escribir la historia de tu vida no solo con palabras, sino con acciones.

"La más noble función de un escritor es dar testimonio, como acta notarial y como fiel cronista, del tiempo que le ha tocado vivir", expresó el escritor español, Camilo José Cela.

No tengo la menor duda de que somos testigos de las grandes misericordias del Padre, pues en cada uno de nuestros triunfos y aun en nuestros tropiezos, Él siempre está a nuestro lado.

No hay un solo día que Dios nos abandone. Su Palabra nos promete que Él estará con nosotros siempre.

«...Yo estaré siempre con ustedes, hasta el fin del mundo».

Mateo 28:20 TLA

A continuación te daré algunas ideas para que te animes a comenzar la redacción de un diario reflexivo. El mismo te dará luz, y será tu mejor documentación literaria de vida.

Estos son algunos de los elementos básicos que debes considerar si vas a iniciar un escrito autobiográfico reflexivo:

Datos personales: tales como procedencia, trasfondo e intereses

Datos familiares: estos sirven como un reflejo de tus raíces intrínsecas.

Delinea tus metas a corto y largo plazo; define las que has alcanzado, y las que aún están en progreso de alcance.

Resume las lecciones que vas asimilando día a día como parte de tu crecimiento como ser humano.

Te invito a que hagas un reto personal el compartir con otros la clase de vida que Dios puede dar, ya sea mediante un escrito o una palabra. ¿Por qué no decirle a una humanidad perdida, que es posible vivir, y vivir más, de la mano del Creador de todo lo que existe en el universo?

"Al final, lo que importa no son los años de vida, sino la vida de los años", puntualizó el decimosexto presidente de los Estados Unidos, quien abolió la esclavitud, Abraham Lincoln.

27

No te conformes

U no de los males que ferozmente aqueja a nuestra sociedad actualmente es el conformismo. Hemos llegado a un estado de indiferencia colectiva donde difícilmente reaccionamos al dolor ajeno, e incluso a nuestros propios malestares, penurias y apetencias. Tal pareciera que la conciencia colectiva estuviera en un profundo sueño o peor aún, que hubiese fallecido.

Las noticias ya no nos impactan como antes. Escuchar una nueva cifra de asesinatos o la descripción detallada de un crimen se ha convertido en un evento cotidiano para nosotros, desafortunadamente. ¿Qué nos pasó? ¿Cuándo cruzamos la línea entre la indiferencia y la compasión? ¿En qué momento comenzamos a conformarnos, cediendo nuestra capacidad de sentir y padecer por el prójimo? Fuimos creados con un alto sentido de creatividad, así como de sensibilidad, que nos deberían impulsar a resistirnos ante la conformidad. Sin embargo, colectivamente pareciera que hubiésemos sido anestesiados con el suero del conformismo.

Poco a poco, sin darnos cuenta, sucumbimos ante las corrientes del conformismo, brindando un aval implícito a conductas que en otros tiempos jamás podríamos haber dispensado.

Vivimos en un mundo que pide a gritos la presencia de seres humanos que sepan levantar sus voces ante aquellas cosas que son moralmente incorrectas. Los hijos de Dios tenemos una voz que es necesario que usemos. No podemos convertirnos en cómplices de la oscuridad, simplemente porque hemos decidido acomodarnos a nuestras circunstancias, enajenándonos del mal ajeno.

«No seamos cómplices silenciosos del mal.
Alcemos nuestra voz, hagamos la diferencia».

Me aflige en mi espíritu que mientras en Occidente llevamos una vida relativamente normal, al otro lado del mundo mueren personas inocentes por falta de recursos básicos. De igual forma, miles son víctimas del tráfico humano, entre otros delitos contra la dignidad humana.

No pretendo decirte que somos súper héroes, pero sí quiero decirte que tu vida puede hacer la diferencia en un mundo caótico. Tú y yo somos la justicia del cielo en la tierra. Estamos llamados a levantarnos, y darle la mano a nuestro prójimo. No te conformes con ver cómo vive la humanidad. Comparte un pedacito de cielo con tu existencia, demostrando la clase de vida que Dios es capaz de brindarnos. Me reafirmo en mi exhortación. No seamos cómplices silenciosos del mal. Alcemos nuestra voz, hagamos la diferencia. No nos conformemos a este siglo.

El precursor de la lucha por los derechos civiles en los Estados Unidos, Martin Luther King, señaló:

"Nuestra generación no se habrá lamentado tanto de los crímenes de los perversos, como del estremecedor silencio de los bondadosos".

Una de las definiciones del conformismo es la siguiente: entiéndase una actitud de una persona que se adapta a cualquier circunstancia o situación con excesiva facilidad. Ciertamente, hemos comenzado a ajustarnos a la oscuridad con demasiada facilidad, cuando estamos llamados a ser la luz y la sal de este mundo. Quiero decirte que si la oscuridad de este mundo y su maldad no te incomodan, debes comenzar a preocuparte, porque eres víctima del "virus" del conformismo.

Para llevar el nivel de vida que Dios desea darnos, tenemos que elevar nuestras expectativas en todos los sentidos, sobre todo en nuestra aspiración por ver el bien prevalecer sobre el mal. No podemos escondernos antes las calamidades que nos rodean, y asumir que desaparecerán por arte de magia. Tenemos la obligación divina de involucrarnos en el enfrentamiento de los males que nos aquejan, convirtiéndonos en parte de las soluciones a nuestras problemáticas.

«Vosotros sois la luz del mundo; una ciudad asentada sobre un monte no se puede esconder» (Mateo 5:14).

Tú y yo tenemos un compromiso celestial de hacer la diferencia y de hacer el bien, mientras tengamos aire dentro de nuestros pulmones. Dios nos ha nombrado embajadores de su reino. Tenemos la capacidad, así como la autoridad celestial, de provocar cambios positivos dentro de nuestro entorno.

Libérate del conformismo. Dile a este mal hábito: ¡Hasta aquí y hasta hoy llegó nuestra relación! Nunca más seré tu cautivo. Renuncio a ti y a todas tus manifestaciones en el nombre de Jesucristo, amén.

Sensibilízate, no te conformes a este mundo, no aceptes como algo "normal" la densa oscuridad que intenta arropar la humanidad. Conviértete en un feroz protector de causas justas, y levanta tu voz cuando sea necesario. No permitas que nada amilane tus deseos de hacer el bien.

«La mejor manera de explorar las profundidades del corazón del Eterno es rompiendo el molde de lo convencional».

La mejor manera de explorar las profundidades del corazón del Eterno es rompiendo el molde de lo convencional, cambiando nuestra manera de pensar y ver la vida.

Es necesario abrirnos al plan divino del cielo, reconociendo que Dios no destinó nuestra existencia para ser unos conformistas. Él nos creó para vivir plenamente, abundando en todo lo *"bueno, agradable y perfecto"*.

> *«Y no vivan ya como vive todo el mundo. Al contrario, cambien de manera de ser y de pensar. Así podrán saber qué es lo que Dios quiere, es decir, todo lo que es bueno, agradable y perfecto»* (Romanos 12:2 TLA).

Quiero motivarte a identificarte con alguna causa que afecta tu comunidad, y a convertirte en parte de la solución. Tenemos la desagradable costumbre de concentrarnos en hablar sobre los problemas, pero es hora de transformarnos en agentes de cambios que no se conforman.

Algunas causas sencillas que puedes adoptar son tan básicas como cuidar el medio ambiente, mostrar bondad hacia el prójimo, donar tiempo en alguna entidad sin fines de lucro dedicada a las personas sin hogar, visitar personas enfermas en los hospitales, o llevarle alegría a algún grupo de ancianos en un centro para personas de la tercera edad, entre muchas otras.

> *«No te conformes; atrévete a enfrentar los males que nos aquejan».*

En fin, la decisión de no conformarte es tuya, pero nunca dudes que tú puedes hacer una inmensa diferencia en medio de un mundo caótico. No te conformes; atrévete a enfrentar los males que nos aquejan. Te aseguro que vas acompañado por el Rey Vencedor que jamás ha perdido una batalla.

"Lo único que se necesita para que el mal triunfe, es que los buenos no hagan nada", dijo el escritor, filósofo y político, Edmund Burke.

28

Ejerce el arte de escuchar

Una de las grandes virtudes que posee un ser humano sabio y prudente es la capacidad de escuchar al prójimo, haciendo silencio cuando el momento lo amerita.

Debo clarificarte un concepto antes de proseguir: no es lo mismo oír que escuchar. Oír se define como un término que hace alusión a la capacidad auditiva para alcanzar el discernimiento de una resonancia. Mientras tanto, escuchar significa una acción en la que se brinda solicitud y atención cuando algo es percibido mediante la audición.

Si observamos ambas definiciones de forma paralela, podemos ver que existe una variante extremadamente relevante. Al oír apenas estamos identificando un sonido, pero al escuchar brindamos por completo nuestra atención sensorial cognoscitiva.

«Lo único que necesitas para darle una mano amiga a alguien en necesidad es un corazón compasivo dispuesto a escuchar».

En diversos escenarios de la vida deseamos tener las palabras correctas para confortar a nuestros semejantes. Sin embargo, hemos obviado el poder del silencio

134 | VIVE MÁS +

y el gran obsequio que brindamos cuando simplemente prestamos nuestros oídos.

Te aseguro que habrá instantes en los cuales las palabras saldrán sobrando, pues será suficiente el bálsamo que ofrezca la empatía de tu silencio.

Una de las grandes penurias existenciales del ser humano es ser comprendido y escuchado. A veces pensamos que necesitamos un grado universitario en sicología o consejería para ayudar a un ser amado que se encuentra atravesando un momento de adversidad, pero esta concepción es falsa.

Lo único que necesitas para darle una mano amiga a alguien en necesidad es un corazón compasivo dispuesto a escuchar pacientemente. Ejercer el arte de escuchar indiscutiblemente le añadirá valor a tu vida.

"Valor es lo que se necesita para levantarse y hablar; pero también es lo que se requiere para sentarse y escuchar", afirmó el primer ministro británico durante la Segunda Guerra Mundial, Sir Winston Churchill.

Escuchar es parte esencial del sano ejercicio de una comunicación efectiva. Imagínate cuán difícil sería lograr una conversación eficaz, si no existieran un emisor y un receptor. Es imposible que ambas partes sean emisores o receptores simultáneamente, pues se abortaría inmediatamente la comunicación. No podemos hablar todos al mismo tiempo, al igual que no podemos callar todos al mismo tiempo.

Para nosotros los varones, resulta un tanto complicado comprender este concepto sobre la comunicación y el arte de escuchar, pues nuestra predisposición genética se inclina más al análisis introspectivo, antes que a la exteriorización de ideas.

Por el contrario, las féminas fueron diseñadas de tal forma, que necesitan comunicar, hablar, expresar y descargar sus emociones consistente y seguidamente. Es muy posible que si te encuentras dentro de una relación de pareja, hayas atravesado momentos donde no sabías por qué tu compañera sufría de ciertas catarsis.

Quiero decirte que esas instancias son completamente normales. Esa dama especial que hay en tu vida probablemente solo necesita que la escuches, la dejes llorar, y al final la abraces haciéndole saber que cuenta con tu corazón, pero también con tus oídos.

A mis amigas lectoras debo advertirles que el arte de escucharnos es un don que valoramos enormemente. Los varones tenemos mayor dificultad en develar nuestras emociones, pues a través de los siglos se nos ha inculcado que ese es un síntoma de debilidad.

Sin embargo, seguimos siendo de carne y hueso, así que en algún momento nuestra armadura se caerá ante ustedes develando nuestra humanidad.

Cuando un varón te abra su corazón, procura ser buen custodio de dicho tesoro y, si te permite escucharle, hazlo sabiendo que has entrado al lugar más íntimo que posee: sus pensamientos. Al ser escuchados, nos consideramos valorados y amados. Escuchar es una demostración de afecto, pero sobre todas las cosas, es una de las máximas manifestaciones de respeto por la integridad del ser humano.

«Mis queridos hermanos, pongan atención a esto que les voy a decir: todos deben estar siempre dispuestos a escuchar a los demás, pero no dispuestos a enojarse y hablar mucho».

(Santiago 1:19 TLA)

¿Qué mayor ejemplo para inspirarnos a comenzar a practicar el arte de escuchar que sabernos escuchados por el Creador del universo? La Palabra de Dios nos dice que Él está atento a nuestras oraciones, y dispuesto a prestarnos su oído siempre.

«Porque los ojos del Señor están sobre los justos, y sus oídos, atentos a sus oraciones; pero el rostro del Señor está contra los que hacen el mal» (1 Pedro 3:12 NVI).

29

¿Vives o sobrevives?

Quiero invitarte a pensar sobre algo que la Biblia nos dice acerca de nuestra expectativa de vida.

El Salmo 90, versículo 10, la oración de Moisés expone que la edad promedio que viviremos en este planeta es de aproximadamente 70 años, haciendo una salvedad de que las personas más robustas puede que vivan hasta 80 años. En Génesis 6:3, lee:

> «Y dijo Jehová: No contenderá mi espíritu con el hombre para siempre, porque ciertamente él es carne; mas serán sus días ciento veinte años».

Cabe indicar que en Deuteronomio 34:7 indica que Moisés murió a los 120 años. Si hacemos el ejercicio de multiplicar 70 años por los 365 días de un año, estaríamos contemplando una aproximación de 25,550 días, lo cual también podría traducirse a 613,200 horas sobre la faz de este planeta. Si por otra parte multiplicamos 120 años por los 365 días del año, pasaríamos 43,800 días o 1,051,200 horas en la tierra.

Ahora mis preguntas para ti son las siguientes. ¿Cómo estás administrando tu tiempo en la tierra de los mortales?, ¿Vives o sobrevives?, ¿Vives, sobrevives o simplemente existes?

La palabra vivir proviene del latín *vivĕre*. Por otra parte, la primera definición que sorpresivamente provee la Real Academia Española sobre la palabra "vivir" es "tener vida", mientras que al definir la palabra "vida", se entiende que la misma proviene del latín, *vita*, refiriéndose a una fuerza o actividad esencial mediante la que obra el ser que la posee. No es lo mismo tener vida, que vivir la vida.

Tenemos vida porque Dios decidió respirar sobre nosotros tan preciado regalo como Su propio aliento, brindándonos la existencia dentro de este universo. No obstante, podemos tener un regalo muy valioso en nuestro poder, y no saber hacer uso de él.

Imagina por un segundo que mañana cuando despiertes alguien te ha regalado un avión. ¡Cuán fantástica debe ser la sensación de tenerlo! Pero, ¿de qué te sirve si no sabes utilizarlo o peor aún, si por miedo decides no usarlo?

Esto es lo que ocurre en ocasiones con la vida. Muchas personas transitan por ella desperdiciando fantásticos dones, talentos, oportunidades y habilidades. Esto acontece porque simplemente no saben hacer el uso correcto de los mismos, llenándose de inseguridad y temor ante el regalo de la vida. De igual forma, hay personas que tienen miedo de vivir, de equivocarse, de ser lastimados, y hasta de llegar a ser exitosos. Estos seres optan por existir en la inercia, no asumen riesgos, y transitan por este mundo como almas en pena esperando ser llamados a la eternidad.

Me resulta interesante que haya personas que son creyentes, salvos y conocedores de la Palabra de Dios, pero no están gozando de todos los beneficios de la clase de vida que Él desea darles.

Dios tiene sus mejores regalos separados para dártelos. ¡Solo tienes que estar dispuesto y disponible para recibirlos!

> *«Para aquellos que lo aman, Dios ha preparado cosas que nadie jamás pudo ver, ni escuchar ni imaginar»* (1 Corintios 2:9 TLA).

En ocasiones me pregunto cuántos creyentes están disfrutando genuina y plenamente de todos los beneficios obtenidos por Cristo en la cruz, tales como la sanidad, la prosperidad, la paz del alma, la liberación de la mente y el gozo, por solo mencionar algunos. Estoy convencido que Dios no solamente proveyó mediante la cruz un camino para la salvación, sino que suplió un recurso de restauración plena para sus hijos.

El Eterno desea que tu vida entera en esta tierra y en la eternidad sea plena. A veces creo que tenemos la tendencia a espiritualizar todo, y obviamos que muchos de los beneficios conquistados en la cruz están relacionados con nuestra calidad de vida en la tierra. Él desea que seamos prosperados en todo, absolutamente en todo, así como prospera nuestra alma, y nos ha coronado de favores mediante su hijo.

> *«El que te corona de favores y misericordias... El que sacia de bien tu boca de modo que te rejuvenezcas como el águila».*
> (Salmo 103:4-5)

Permíteme declararte una verdad libertadora: Dios no te colocó en este mundo para que fueras una máquina que solamente se rige por una rutina.

Cristo nos libertó para que vivamos en libertad. Por lo tanto, manténganse firmes y no se sometan nuevamente al yugo de esclavitud (Gálatas 5:1 NVI).

Él tampoco te creó para que vivas subyugado a una enfermedad, o atormentado por las ansiedades de este mundo. Él llevó nuestras dolencias en la cruz, brindándonos el derecho a nuestra sanidad.

> *«Él fue traspasado por nuestras rebeliones, y molido por nuestras iniquidades; sobre él recayó el castigo, precio de nuestra paz, y gracias a sus heridas fuimos sanados»* (Isaías 53:5 NVI).

De igual manera, tú no fuiste diseñado para la miseria. La misma Palabra nos dice que Dios nos ha dado el poder para hacer riquezas.

> *«Sino acuérdate de Jehová tu Dios, porque él te da el poder para hacer las riquezas, a fin de confirmar su pacto que juró a tus padres, como en este día»* (Deuteronomio 8:18).

«Llegarás tan lejos como tu visión alcance».

Dios depositó grandeza dentro de ti para que te expandas hasta donde tu visión te lo permita.

> *«Voy a darte toda la tierra que alcances a ver. Para siempre será tuya y de tus descendientes»* (Génesis 13:15 TLA).

Llegarás tan lejos como tu visión alcance, pues la disposición del cielo es respaldar tus sueños plenamente, siempre que estén en línea con el corazón del Padre.

Aquellos que "sobreviven" se conforman, acomodándose a la prisión de una existencia rutinaria y repetitiva, haciéndose esclavos de un sistema que busca entrampar nuestra naturaleza divina, ahogando nuestras aspiraciones. Muchos sueños son abortados en los brazos del conformismo y la sobrevivencia. Te pido que no cedas ante estos adversarios de la vida.

Todavía conservo la fe de que aún existe una generación de soñadores empedernidos que no se rendirán, y que han de luchar por hacer más que sobrevivir, pues conocen que fueron destinados para existir de cara a un mejor mañana. Son estos idealistas los pilares que han de marcar la historia de nuestra humanidad. Su resistencia a la mediocridad y su empeño por una vida mejor los empujarán siempre a la excelencia, no solamente para ellos, sino para compartirla con quienes les rodean.

La ecuación es sencilla: si logras gozar de una vida abundante, vas a desear que los demás también la obtengan.

"Un idealista es una persona que ayuda a otra a ser próspera", en palabras del empresario estadounidense, Henry Ford.

En conclusión, para hacer algo más que sobrevivir, para poder vivir y hacerlo de manera plena, necesitamos tener presente siempre que el norte de todos nuestros senderos deberá conducir al Padre del cielo. Solamente de Él procede toda buena dádiva.

«Dios nunca cambia. Fue Dios quien creó todas las estrellas del cielo, y es quien nos da todo lo bueno y todo lo perfecto. Además, quiso que fuéramos sus hijos. Por eso, por medio de la buena noticia de salvación nos dio una vida nueva».
Santiago 1:17-18 TLA

30

Usa los anteojos de la fe

He aprendido en mi andar diario que muchas personas no alcanzan el máximo de su potencial porque carecen de visión. Simplemente no pueden ver más allá de sus temores e inseguridades. Tal pareciera que sufren de algún mal visual que trasciende lo físico y les toca en el alma, nublándoles el entendimiento de aquellas cosas que están a un paso de la fe.

A esta condición he decidido llamarla "miopía existencial". Para que comprendas este concepto, primero te explicaré el concepto de miopía dentro del ámbito de la salud visual. A la miopía se le distingue como una falla de la visión causada porque el punto óptico de la luz que alcanza al ojo se conforma y compone delante de la retina. Debido a esto, las imágenes se observan imprecisas.

Así mismo, únicamente la claridad originaria de los objetos inmediatos y cercanos transgrede en la membrana del ojo de la persona miope, reproduciendo una imagen perceptiblemente nítida.

Los "miopes existenciales" son aquellas personas que por su falta de visión y de fe, solamente perciben cosas inmediatas. No pueden ver más allá porque sus membranas ópticas del alma están alteradas.

Es probable que esta alteración sea producto de alguna experiencia traumática, al igual que podría ser simplemente el reflejo de un espíritu sin dirección. Cuando somos guiados por Dios, Él nos muestra mediante Su Palabra el camino por donde debemos andar, brindándonos convicción en el alma de que no nos dejará a la deriva.

«Siempre que Él ordene cambios en nuestra vida será con un propósito».

En una ocasión, Jesús les dijo a los discípulos que fueran a la otra orilla. En medio de la noche se les apareció ofreciéndoles una lección de fe poderosa. Permíteme compartirte el relato bíblico, pues posee gran riqueza para ayudarte a usar los anteojos de la fe.

> *«En seguida Jesús hizo a sus discípulos entrar en la barca e ir delante de él a la otra ribera, entre tanto que él despedía a la multitud. Despedida la multitud, subió al monte a orar aparte; y cuando llegó la noche, estaba allí solo. Y ya la barca estaba en medio de la mar, azotada por las olas; porque el viento era contrario. Mas a la cuarta vigilia de la noche, Jesús vino a ellos andando sobre el mar. Y los discípulos, viéndole andar sobre el mar, se turbaron, diciendo: ¡Un fantasma! Y dieron voces de miedo. Pero en seguida Jesús les habló, diciendo: ¡Tened ánimo; yo soy, no temáis!»* (Mateo 14:22-27).

Al igual que en esta porción de los Evangelios, hay momentos en nuestro caminar por la vida que Dios nos encomienda a ir hacia la otra ribera. Nos da una instrucción específica de desplazarnos de un lugar a otro. Siempre que Él ordene cambios en nuestra vida será con un propósito. Si somos obedientes, actuaremos igual que los seguidores del Maestro, y tomando la barca de nuestra vida zarparemos mar adentro rumbo a la dirección que Él nos ha dado.

No obstante, si vas a emprender el viaje, procura llevar puestos los anteojos de la fe. Mateo nos narra cómo a estos hombres que habían caminado con Cristo, en un momento de temor y tempestad se les dificultó reconocerle. Así nos suele ocurrir ante los azotes de la vida. Si no hemos fortalecido nuestra visión espiritual, así como la fe, irónicamente nos resultará complicado identificar aun a nuestro Señor. Gracias sean dadas a Dios por su inmenso amor y misericordia, que al vernos carecer de visión, siempre nos dirá, como le dijo a sus discípulos: *"¡Tened ánimo, yo soy, no temáis!"*.

Debo compartirte que una de las cualidades de Dios que más me impacta es su capacidad de llamar las cosas que no son como si fuesen. Ese es parte de su gran poder.

Él nos invita a vivir ejercitando la clase de fe que es capaz de ver más allá de lo evidente e inmediato, trascendiendo en el tiempo y el espacio, llamando a lo que no es como si ya fuese.

«Te he puesto por padre de muchas gentes delante de Dios, a quien creyó, el cual da vida a los muertos, y llama las cosas que no son, como si fuesen» (Romanos 4:17).

La fe es el único remedio para un "miope existencial". Esta debe aplicarse como un par de anteojos que utilizamos a diario porque reconocemos nuestra dependencia visual.

¿Alguna vez has observado a alguien que realmente no puede ver sin sus anteojos? Es interesante porque habitualmente la reacción redunda en la desesperación.

«La fe es ese elemento que nos impulsa a luchar, e ir por encima de nuestras limitaciones».

De esa misma manera deberíamos reaccionar cuando nos percatamos que estamos desprovistos de los anteojos de la fe, ya que sin ellos no llegaremos a ningún lugar de éxito en esta vida.

La fe es ese elemento que nos impulsa a luchar, e ir por encima de nuestras limitaciones. Es la voz del Eterno hablando a nuestro espíritu diciéndonos: "Sí, puedes"; "Inténtalo una vez más"; "No te rindas".

"A aquel que tiene fe, ninguna explicación le es necesaria. Para uno sin fe, ninguna explicación es posible" son palabras de Santo Tomás de Aquino.

Una vez te coloques los anteojos de la fe, comenzarás a ver la vida a través de otro prisma. Te darás cuenta que aquellas metas y anhelos que veías tan distantes, realmente estaban a un paso de distancia, a un paso de tu fe.

Jesucristo mismo proclamó que para el que cree todo es posible.

«Si puedes creer, al que cree todo le es posible».
Marcos 9:23

Etimológicamente la palabra fe emana del vocablo latino *fides*, y señala los motivos de creencia de un individuo o una comunidad. Simultáneamente hace alusión a una impresión de convicción, pero sobre todo a la percepción auténtica que se tiene de una persona o cosa.

> *«Si Él cree en ti, ¿qué esperas*
> *para creer en ti mismo?».*

No tengo la menor duda de que Dios ha puesto su fe en ti. La percepción del Eterno sobre ti es auténtica y veraz, por tanto, si Él cree en ti, ¿qué esperas para creer en ti mismo?

Es probable que en algún punto del camino, simplemente te cansaste y dejaste de creer, abandonaste la fe, porque probablemente tu visión se lastimó haciéndote percibir de forma borrosa el porvenir.

Quiero decirte que no estás solo dentro de esa experiencia, pues todos hemos tenido momentos donde nos ha faltado la fe por una u otra razón.

Extraordinariamente, una de las más grandes leyendas de la música *pop rock* contemporánea del Siglo XX, Michael Jackson dijo en una ocasión la siguiente expresión: "Si no tienes fe, puedes enloquecer".

Es evidente que para poder transitar exitosamente por esta vida, debemos llevar puestos siempre los anteojos de la fe. Solamente así podremos discernir las oportunidades que nos visitan, y no dejarlas pasar inadvertidas. Podremos además vislumbrar el futuro de forma más optimista, y construir un mejor mañana para nuestras descendencias venideras.

Un momento de desesperanza no debe marcar el resto de tu existencia jamás. ¿Por qué atar tu futuro a un instante? Las estancias de desánimo, tristeza, duelo, entre otras emociones negativas son solo eso: momentos pasajeros que tendrán su final. Atrévete a mirar por encima de tus emociones con los anteojos de la fe, y verás que delante de ti hay un excelente porvenir trazado por el cielo.

Hoy es un buen día para retomar tu caminar por las sendas de la luz. Aunque la vida está llena de altas y bajas, te garantizo que vale la pena mirarla con los anteojos de la fe.

"Por muy larga que sea la tormenta, el sol siempre vuelve a brillar entre las nubes", escribió Khalil Gibran, novelista y poeta libanés.

31

Cuida el templo en el que vives

N uestro cuerpo es un santuario donde el Divino Creador nos ha permitido morar dentro de este universo. No esperes vivir cien años si tus hábitos alimentarios y salubristas son prácticamente suicidas.

"Tu cuerpo es templo de la naturaleza y del espíritu divino. Consérvalo sano; respétalo; estúdialo; concédele sus derechos", expresó el filósofo, moralista y escritor suizo, Henri-Frédéric Amiel.

Me parece muy importante la expresión de Amiel, porque resume principios básicos para una vida sana. Entre las ideas que presenta en su postulado sobresale el detalle de respetar nuestro cuerpo y conservarlo sano. Una de las carencias más predominantes de las generaciones más jóvenes es la conservación de una vida más sana en relación a sus cuerpos.

No obstante, necesitamos inculcar en esta generación que se está levantando qué tan importante es la preservación de un cuerpo sano, como el saber respetarlo. Necesitamos darles a las personas, especialmente a los jóvenes, herramientas realistas para que conozcan el valor del templo en el cual viven. Una vez una persona ha reconocido el valor y el respeto que debe tener hacia su cuerpo, difícilmente sucumbirá ante la tentación de lacerarlo de ninguna forma.

Muchos de los padecimientos de salud que sufre el ser humano en estos tiempos están íntimamente relacionados con sus patrones alimentarios y salubristas. Si eres una persona que canalizas tus ansiedades comiendo de más, es probable que sufras de presión alta. De igual manera, puede que estés más propenso a padecer de enfermedades del corazón, derrames cerebrales, cálculos en la vesícula biliar, diabetes y algunos tipos de cáncer, entre otros múltiples padecimientos.

Por si no lo sabías, al excederte en una ingesta alimentaria descontrolada, puedes llegar a sufrir de obesidad, la cual también puede causar artritis en las piernas y en los pies, entre otras enfermedades.

¿Quién quiere vivir sus días en la tierra pasando por el suplicio de estas condiciones?

En cuanto a la temática de una buena nutrición, la Organización Mundial de la Salud (OMS) expone que la alimentación es la ingesta de comestibles en correspondencia con las insuficiencias dietéticas del cuerpo.

Una nutrición mal administrada puede disminuir la reacción del sistema inmunológico, aumentando la vulnerabilidad a las enfermedades y alterando el progreso corporal y cerebral, reduciendo la productividad. No esperes ser productivo si tu alimentación no es la correcta. Dios quiere que vivas más, pero hay una parte que te corresponde a ti realizar. De lo contrario, no podrás disfrutar de la bendición de una larga vida.

Otro de los hábitos salubristas que esta generación ha descuidado, tal vez por el tren de vida que llevamos, es el descanso. El dormir juega un papel impresionantemente grande dentro de la salud integral del ser humano.

«Un buen descanso nos ayuda para que engendremos nuevas ideas creativas».

El dormir adecuadamente contribuye a consolidar la memoria, ayudando a reorganizar la información acumulada en el subconsciente extrayendo los datos más notables, según un estudio reciente de la Universidad de Notre Dame en los Estados Unidos. Indiscutiblemente, un buen descanso nos ayuda para que engendremos nuevas ideas creativas.

Un buen sueño puede resultar tan poderoso como el mejor de los tratamientos de embellecimiento, según documentado en un estudio publicado en la revista *British Medical Journal*.

Diversos estudios realizados en Europa han dejado demostrado que las personas que han dormido bien durante la noche resultan más atrayentes y sanas, en comparación con las personas que han estado despojadas de su descanso. Decide que comenzarás a descansar más y mejor de hoy en adelante. Al hacerlo, estarás rejuveneciendo el "templo" donde vives.

Para aquellas personas que tienen problemas con el descanso, les regalo estos versos de las Sagradas Escrituras que nos instan a abandonarnos en los brazos del Padre confiadamente al momento de cerrar nuestros ojos en las noches.

«Cuando me acuesto, me duermo en seguida, porque sólo tú, mi Dios, me das tranquilidad» (Salmo 4:8 TLA).

«Bendeciré a Jehová que me aconseja; aun en las noches me enseña mi conciencia» (Salmo 16:7).

«Al acostarte, no tendrás temor alguno; te acostarás y dormirás tranquilo» (Proverbios 3:24 NVI).

«Vivirás en paz y protegido por Dios; dormirás confiado y lleno de esperanza, sin miedo a nada ni a nadie, y muchos querrán ser tus amigos» (Job 11:18-19 TLA).

Si deseas vivir más, es necesario que evalúes tu alimentación y tus patrones de descanso.

No te estoy incitando a que te prives por completo de aquellas cosas que apeteces, pero al menos intenta realizar una auto evaluación de tu actual dieta alimentaria. De esta manera podrás saber si realmente te estás añadiendo o quitando años con cada trozo de comida que llevas a tu boca. Así mismo podrás hacer los ajustes dietéticos que sean necesarios.

Si es necesario, no tengas vergüenza o temor de buscar ayuda profesional. ¿Por qué no usar la sabiduría que Dios les ha impartido a los profesionales? Nunca es demasiado tarde para comenzar a vivir de forma saludable; solamente así podrás aumentar tus posibilidades de vivir más.

Dios no te diseñó para estar enfermo, débil o cansado, Él te dio vida y salud, pero es tu deber cuidarlas, así como conservarlas de forma óptima.

«El cuerpo de ustedes es como un templo, y en ese templo vive el Espíritu Santo que Dios les ha dado» (1 Corintios 6:19 TLA).

¡Decídete a vivir de forma más sana, y a cuidar el templo en el que vives!

32

Aprende a perdonarte

Dios nos ofrece su eterno perdón y la oportunidad de ser reconciliados con Él todos los días, mediante su hijo Jesucristo. Sin embargo, son muchas las personas que tienen un gran dilema aceptando dicha exoneración, así como indultándose a sí mismas.

"Si no te has perdonado algo, ¿cómo puedes perdonar a los demás?", dijo la activista mexicana Dolores Huerta. Este es un principio estremecedor, porque honestamente no podemos otorgar algo que no estamos dispuestos a recibir o peor aún, que no poseemos.

Lo primero que aspiro entiendas al leer estas líneas es que eres de carne y hueso. Tu naturaleza es sumamente frágil, y el Divino Creador es consciente de cada una de tus debilidades, así como fortalezas. ¿Cómo no te conocerá el Creador, si te formó en el vientre de tu madre? Antes de que nacieras ya Él te había amado, y ese amor trasciende tus instancias de fragilidad.

Su amor por ti es inamoviblemente eterno.

«Tus ojos vieron mi cuerpo en gestación: todo estaba ya escrito en tu libro; todos mis días se estaban diseñando, aunque no existía uno solo de ellos» (Salmo 139:16 NVI).

Es saludable que tengamos una noción clara sobre la cuantía y fragilidad de nuestros días sobre la tierra, para que podamos llevar una vida provechosa.

«Hazme saber, Jehová, mi fin, y cuánta sea la medida de mis días; sepa yo cuán frágil soy» (Salmo 39:4).

En este verso el salmista David estaba expresando su interés de ser instruido en torno al nivel de conciencia de su longevidad en la tierra, igual que sobre su fragilidad como ser humano.

Si no tenemos una visión consciente acerca del valor de nuestro paso por la tierra y sobre la justa medida de nuestros días, podríamos dar por sentado que somos inmortales, haciendo mal uso de nuestro tiempo. También es esencial que no olvidemos cuán frágiles somos, pues guardando consciencia de ello aumentará nuestro nivel de dependencia del cielo.

En múltiples instancias elevamos la barra de nuestras expectativas personales demasiado alto, exigiéndonos resultados que en ocasiones pueden estar fuera de nuestra realidad. Como consecuencia de dicha elevación, es muy probable que terminemos frustrándonos ante la inevitable manifestación de nuestra humanidad. No olvides que perteneces a la raza de los mortales, aunque dentro de ti exista la esencia del cielo y un pedacito de eternidad. Mientras estemos en esta tierra estamos expuestos a fallar. Mas gracias sean dadas a Dios, quien nos mira con ojos de misericordia para restaurarnos y perdonarnos continuamente. Eso es lo que yo llamo un "amor verdaderamente obstinado". Créeme que Dios no se cansa de levantar a sus hijos cuando les ve caerse.

Ciertas personalidades suelen ser más propensas que otras a este conflicto existencial. Si eres un perfeccionista o un melancólico, sin duda alguna serás más severo contigo mismo al momento de ejercitar el auto perdón.

Es una trampa sumamente sutil querer aspirar a la perfección en nombre de agradar a Dios, o de hacer lo correcto. No obstante, detrás de esa buena intención, se suele esconder nuestro ego, intentando decirle al Eterno que somos capaces de merecer el acceso a su perdón por medio de nuestras buenas obras y esfuerzos,

Es vital que comprendas que no hay forma que podamos hacernos aptos a nosotros mismos del perdón del Padre, pues es un regalo sagrado comprado con la sangre de su Hijo en la cruz. No existe nada, absolutamente nada que podamos hacer para ser merecedores de dicho obsequio, si no es mediante la gracia del cielo. Amamos al Padre, simplemente porque Él nos amó primero.

«Nosotros amamos a Dios porque él nos amó primero».
1 Juan 4:19 NVI

Para poder hacer las paces con nuestro mundo interior, necesitamos internalizar el concepto de la gracia. Dicha terminología consiste en la definición de un favor no merecido. Comprendemos, también por gracia, un presente o una concesión que se materializa sin ningún mérito personal. Es una acción que la parte que la ofrece, la brinda voluntariamente a quien desea y cuando desee.

Imagina por unos segundos el siguiente escenario. ¿Cómo se sentiría alguien a quien tú aprecias, si al invitarte a cenar a su casa, luego de haber compartido una agradable velada, tú preguntaras por la cuenta? Puedo decirte que si yo fuese tu anfitrión, me sentiría agravado y ofendido.

De la misma forma se siente Dios cada vez que intentamos comprar su perdón con la acumulación de nuestras "buenas" acciones, o flagelándonos emocionalmente por algún error cometido.

Está permitido equivocarnos y fallar. Está bien no estar bien en algún momento de nuestra travesía por este mundo. Lo que no está permitido es convertirte en residente permanente del valle de las equivocaciones y la desolación. Tampoco es admisible buscar la residencia en las veredas del ejercicio de auto justificación. Una vez hemos comprendido nuestras faltas, debemos tener propósito e intención de enmienda sincera y consciente.

> *«Transformar un error en una oportunidad*
> *de crecimiento radica*
> *en aprender las lecciones».*

Si has fallado en alguna área de tu vida, quiero darte la noticia de que posees el poder de transformar ese error en una lección de empoderamiento que te impulse a ponerte nuevamente sobre tus pies.

El empresario estadounidense, Henry Ford dijo: "El fracaso es una gran oportunidad para empezar otra vez con más inteligencia".

El detalle de transformar un error en una oportunidad de crecimiento radica en aprender las lecciones que conllevan nuestros fracasos, para no repetirlos. De nada valdría que identifiques un error, solamente para seguirlo repitiendo.

Otro de los dilemas que enfrentan las personas que tienen dificultad para perdonarse es que inconscientemente absorben la responsabilidad de sus desgracias, culpándose de forma indefinida. No puedes castigarte el resto de tu existencia por que hayas cometido una falta. De hacerlo así, estarías dándole la espalda al sacrificio de Cristo en la cruz, y al perdón divino.

Digamos que cometiste un error, pero has recapacitado arrepintiéndote. Está bien que asumas tu responsabilidad dentro del episodio vivido, pero debes alcanzar una instancia donde logres indultarte.

«No desperdicies un día más de tu vida siendo tu propio verdugo».

Además, resulta injusto que juzgues tus experiencias previas con el conocimiento que posees hoy. Estoy seguro que si hubieses sabido entonces lo que sabes ahora, tus experiencias serían distintas. Esa es la belleza de vivir: continuamente estamos aprendiendo y creciendo, sobre todo de nuestros errores.

Ha llegado el momento que decidas perdonarte. No desperdicies un día más de tu vida siendo tu propio verdugo.

Si Dios nos perdona, arrojando nuestras faltas a lo profundo del mar, ¿por qué ir como buzos al océano a buscar lo que ya Dios olvidó?

«Él volverá a tener misericordia de nosotros; sepultará nuestras iniquidades, y echará en lo profundo del mar todos nuestros pecados» (Miqueas 7:19).

Desconozco la concepción que tengas dentro de tu trasfondo religioso sobre Dios, pero es mi oración que mientras lees este libro conozcas el corazón del Padre bueno que te ama por encima de todas las cosas.

No hay pecado o falla tan grande que haga que Dios deje de amarte; su amor no tiene final. El perdón que tanto has buscado está en Él. Solamente necesitas aceptarlo y recibirlo, tal cual se recibe un presente especial.

"El perdón cae como lluvia suave desde el cielo a la tierra. Es dos veces bendito; bendice al que lo da y al que lo recibe", escribió el célebre poeta y dramaturgo inglés, William Shakespeare.

33

Vive en "alta definición"

Dentro del ámbito tecnológico, hoy día conocemos lo que es la televisión de alta definición, mejor reconocida por sus siglas en inglés (HD). El concepto de alta definición está explicado técnicamente de la siguiente forma. Es un medio de imagen, video o sonido con mayor resolución que la definición estandarizada. La alta definición obtiene valores de 1280×720 píxeles y 1920×1080 píxeles, respectivamente. Un televisor de 4K tiene una resolución de 3840 × 2160. Un 4K contiene cuatro veces más píxeles que los televisor de 1080p.

La maravilla de la alta definición es que nos permite ver las imágenes con mayor realismo, y una mejor proyección a nuestros ojos.

Hemos recorrido un largo camino de progresos en torno al campo de las comunicaciones; atrás quedaron los televisores en blanco y negro. Poco a poco hemos ido desechando las grandes cajas que contenían las imágenes televisivas, y sustituyéndolas por artefactos más refinados.

Según avanza la tecnología, debe avanzar nuestro progreso como personas, aspirando a vivir en alta definición y con una mejor proyección de longevidad.

"El verdadero progreso consiste en renovarse", afirmó el crítico y teólogo suizo, Alexandre Vinet.

Cada día deberíamos proponernos que nuestras acciones e intenciones se vuelvan más evidentes, transformándose en acciones de "alta definición". Así serían más fáciles de identificar y visibles al orientarse hacia el bien del prójimo, la humanidad y hacia nuestro medio ambiente.

No te conformes con vivir una existencia en blanco y negro dentro de un formato obsoleto, cuando Dios ha colocado a tu disposición nuevas y mejores vías de alcance para llevar una vida de exquisitez. Abre tu corazón y tu mente a los hermosos colores, así como la brillantez con la cual Dios desea pintar tus días sobre este planeta.

¿Quién quiere permanecer en blanco y negro, cuando se puede vivir a todo color? ¿Quién desea ver una imagen borrosa de la vida, cuando puede contemplarla en alta definición? El cielo te diseñó para alcanzar la plenitud de la vida a todo color, sobre todo para que podamos ver su luz cada uno de nuestros días.

> *«¡Cuán precioso, oh Dios, es tu gran amor! Todo ser humano halla refugio a la sombra de tus alas. Se sacian de la abundancia de tu casa; les das a beber de tu río de deleites. Porque en ti está la fuente de la vida, y en tu luz podemos ver la luz».*
> Salmo 36:7-9 NVI

Las limitaciones solamente existen dentro de tu mente. Dios te ha dotado de todas las herramientas necesarias para vivir al máximo. Lamentablemente el acondicionamiento a los pensamientos conformistas en ocasiones asfixia nuestras ansias de superación. No te des el lujo de desperdiciar el precioso regalo de la vida, buscando excusas para no perseguir tus sueños. Vive y hazlo a todo color, en alta definición, apreciando cada detalle del camino. Pero sobre todas las cosas, vive disfrutando la jornada intensamente de la mano del Padre. Atrévete a vivir apeteciendo más, cada hora y cada segundo.

¡Fuiste creado para conquistar en tu espíritu todo lo que te propongas con bien!

"¿Por qué contentarnos con vivir a rastras cuando sentimos el anhelo de volar?", esbozó la educadora, y activista sordomuda norteamericana, Helen Keller.

Creo que ella intentaba decirnos con esta expresión que si dentro de nosotros arde una pasión o un sueño, debe ser porque el cielo así lo dispuso; no es una mera casualidad. Las aspiraciones del corazón, si están en línea con la Palabra de Dios, son producto de una semilla celestial depositada en nosotros para germinar y dar fruto.

Para ayudarte a comprender un poco mejor la idea de una vida en "alta definición", te compartiré la definición de qué es un píxel, y cómo podemos utilizarlo metafóricamente aplicando su significado a nuestra vida cotidiana.

El píxel es el componente más pequeño y diminuto de una imagen análoga. Este se encuentra vigente en un incalculable número para constituir una imagen de manera absoluta. Cada píxel es una unidad uniforme de color que, en suma a una significativa variación de coloraciones, ofrecen como consecuencia una imagen.

Los mismos pueden llegar a contar con tres a cuatro elementos de color. Podemos aludir de esta definición que aun los detalles más pequeñitos de nuestra vida son importantes al momento de componer el cuadro completo de la jornada que Dios nos ha puesto por delante en esta tierra. No debemos menospreciar los detalles que aparentan ser minúsculos, pues la suma de ellos puede llegar a tener un impacto gigantesco en nuestra vida.

De otro lado, los píxeles de un visual son cómodamente notorios cuando procedemos a realizar un zoom (acercamiento) sobre el visual contemplado, pues de esta manera obtenemos un mayor entendimiento gráfico de la utilización de los mismos para crear la imagen que vemos. Así mismo, quien desea tener un mayor entendimiento de nuestra vida deberá estar dispuesto a acercarse, haciendo un zoom emocional. De esta manera tendrá la oportunidad de mirar los "píxeles" de nuestras vivencias, y poder comprendernos mejor.

Habiendo comprendido la conceptualización de los píxeles, procederé a invitarte a que apliques a tu vida esta explicación teórica.

«Si vas a vivir una vida de alta definición, deberás aumentar tus experiencias».

Al mirar con detenimiento nuestra existencia, cada experiencia que hemos vivido sea pequeña, grande, sencilla o compleja, son el equivalente de los pixeles que componen el cuadro de nuestra jornada por este planeta.

Si vas a vivir una vida de alta definición, deberás aumentar tus experiencias, usando cada una como un pixel adicional que ampliará la definición de la imagen de tus días.

156 | VIVE MÁS +

No te prives de alimentar tus sueños; no te cohíbas de sentir, de reír o llorar. No te detengas a mirar hacia atrás. Sigue adelante, y prosigue la búsqueda de la justicia y el amor sobre todas las cosas.

Observarás que con cada paso que des, progresivamente se definirá con mayor calidad tu imagen en el universo.

> *«El que va tras la justicia y el amor halla vida,*
> *prosperidad y honra»* (Proverbios 21:21 NVI).

¡Renuncia a vivir en blanco y negro, a una vida con poca resolución!

Coloca tu alma en una actitud expectante ante lo maravilloso que será vivir disfrutando de todos los colores y matices que el Divino Creador tiene reservados para ti. Dispón cada uno de tus pensamientos a estar en sintonía con el cielo, en la más alta definición, a través de los pixeles de su amor.

"Ten el coraje de seguir a tu corazón y tu intuición", palabras del fundador de *Apple*, Steve Jobs.

34

Un cielo perfecto para gente imperfecta

Por muchos años nos dijeron implícitamente que Dios esperaba de nosotros una perfección prácticamente inalcanzable para cualquier mortal, colocando de esta forma un peso intolerable para aquellos que con sus defectos y virtudes deseaban seguir a Cristo.

Muchos se alejaron de la fe, pensando que no estaban cualificados para ser abrazados por el Padre. Otros no se acercan a Dios, esperando el momento en el cual estén "bien", o según ellos estén "arreglados" para hacer un compromiso.

¡Qué trampa tan sutil decirnos que Él busca seres "perfectos", cuando al ser consciente de nuestra fragilidad, envió a su Hijo a morir en la cruz por nosotros. No hay forma de estar "bien" o "arreglados" si no nos acercamos al Padre. Es precisamente porque nuestra naturaleza es débil y está caída que vamos a Él.

«Todos hemos pecado, y por eso estamos lejos de Dios».
Romanos 3:23 TLA

¿Qué persona justa por sus propias acciones, perfecta y santa por naturaleza propia, necesitaría un salvador? Sería totalmente innecesaria la intervención de Cristo en la cruz si no hubiésemos tenido la imperante urgencia de ser salvados. Solamente alguien que está en una situación de debilidad o desventaja requiere un salvador.

«Pero Dios nos demostró su gran amor al enviar a Jesucristo a morir por nosotros, a pesar de que nosotros todavía éramos pecadores» (Romanos 5:8 TLA).

Déjame contarte que el cielo se especializa reclutando a los imperfectos, a los lastimados, a los huérfanos y a los hijos del olvido. Me preguntarás cómo estoy tan seguro de esto, y te contaré que la Palabra de Dios está llena de ejemplos que sustentan el pensamiento que acabo de compartirte.

«Y lo vil del mundo y lo menospreciado escogió Dios, y lo que no es, para deshacer lo que es» (1 Corintios 1:28).

Dame una oportunidad de llevarte en un recorrido por las páginas de la palabra del Eterno, y de presentarte varios personajes que cambiarán tu percepción de las cualificaciones que exige el cielo.

«Dios cualifica y capacita a quienes elige; no elige a los capacitados y cualificados».

Primero debo exponerte a la siguiente verdad: Dios cualifica y capacita a quienes elige; no elige a los capacitados y cualificados.

¡Su grandeza se manifiesta y perfecciona en medio de nuestras debilidades, Él solo espera que descansemos en su gracia!

«Y me ha dicho: Bástate mi gracia; porque mi poder se perfecciona en la debilidad...» (2 Corintios 12:9).

Quiero presentarte varios personajes con vidas un poco oscuras, pero a quienes Dios decidió cambiarles la existencia convirtiéndoles en héroes de la fe. Es importante destacar que al momento de Él escogerles no miró sus faltas, ni sus defectos, sino miró sus corazones y el potencial que había puesto dentro de ellos para que vivieran más.

El ser humano suele mirar lo externo, pero el Padre mira los adentros del alma de sus hijos.

«...porque Jehová no mira lo que mira el hombre; pues el hombre mira lo que está delante de sus ojos, pero Jehová mira el corazón» (1 Samuel 16:7).

Déjame presentarte a un niño criado en una cuna de oro, engreído y enajenado de los males sociales que padecían los demás mortales; ignorante de su procedencia, príncipe en una tierra ajena a sus raíces. Era impulsivo, tartamudo, e incluso llegó a convertirse en un asesino.

¿Qué opinarías de ese perfil para un libertador?

Sin embargo, Dios no miró las carencias, deficiencias o faltas de Moisés; tampoco miró su pasado. Más bien contempló su futuro, y le llamó por encima de sus debilidades para capacitarle a libertar el pueblo de Israel.

La asignación de Moisés no fue pequeña; fue prominente y trascendió los tiempos. Moisés se convirtió nada más y nada menos que en el libertador del pueblo de Dios; quien lo sacó del yugo de esclavitud de Egipto.

¡Qué impactante el giro que puede darle el cielo a nuestra vida cuando se lo permitimos!

Permíteme recordarte que Dios no endosa nuestras faltas, o malas conductas. Él tiene el poder de reestructurar nuestra vida por encima de esas carencias, y darnos un mejor porvenir. Para el Eterno somos como el barro en manos del alfarero. Él nos pone en la rueda, y nos va dando la forma que desea. Poco a poco va removiendo los excesos, moldeándonos a la manera que le agrada, y eliminando las "partículas" y "elementos" que son ajenos a nuestra naturaleza.

De otra parte, dentro del Antiguo Testamento encontramos a una mujer que era conocida por todos los hombres de la ciudad. Su reputación le precedía de forma negativa.

¿Dios podría mirar a una prostituta como un instrumento de bien? La respuesta es un rotundo ¡sí! No estoy afirmando que Dios aprobará su mala conducta, sino expresando que Él veía más allá de sus pecados. Dios veía a la pecadora con posibilidad de redención y restauración. Así es como Él nos mira, contemplando nuestro potencial.

Su nombre era Rahab. Aquella mujer tuvo la valentía de proteger a los enviados de Dios, dándoles escondite dentro de su casa. Imagino que en el proceso de esta experiencia el cielo tocó su corazón de manera que su existencia cambió para siempre. Una vez que nos exponemos a la presencia del Creador, nuestra vida jamás será igual.

Luego de prestar su casa para esconder a los espías hebreos que iban a explorar la ciudad de Jericó, la vida de esta mujer y su familia fueron los únicos sobrevivientes de aquel lugar.

De forma interesante e increíble esta mujer está dentro del linaje de Cristo. Creo que Dios en su buen sentido del humor nos dice con esta acción que Él es capaz de transformar nuestro destino de forma radical para siempre, para que vivamos más.

«Los únicos que se salvaron fueron Rahab y todos los de su casa. Josué la salvó porque ella escondió a los dos espías que él había enviado a Jericó. Hasta el día de hoy hay descendientes de Rahab que viven en Israel» (Josué 6:25 TLA).

La lista de hombres y mujeres imperfectos, transformados por una experiencia con Dios, es inmensa dentro de la Biblia. Aunque no lo creas, casi todos los grandes personajes que conoces de las Sagradas Escrituras poseen algún exceso de equipaje. Te dejaré de tarea buscar las siguientes historias para que compruebes lo que te estoy compartiendo de forma personal:

David, un hombre adúltero, un asesino que maquinó la muerte de uno de sus más fieles soldados, entre otras cosas, a la hora de la verdad sabía arrepentirse de tal forma, que estremecía los cielos con su adoración y un corazón conforme al del Padre (véase 2 Samuel 11).

Pedro fue un iracundo tan violento capaz de cortarle la oreja a un soldado romano. Peor aún, fue un traidor que negó a su Maestro no una, sino tres veces. No obstante, por encima de todas sus faltas, Cristo le convirtió en la piedra sobre la cual edificó su iglesia (véase Mateo 26 y Lucas 22).

Pablo era un sanguinario mercenario que no le temblaba el pulso al momento de asesinar; un perseguidor de los más crueles y temidos de la fe cristiana. Sin embargo, Cristo mismo se le apareció a este hombre para transformarle en el más grande de los apóstoles y promotores del mensaje de la cruz. Tanto así que gran parte del Nuevo Testamento fue redactado por Pablo (véase Hechos 9).

Ester era una huérfana, una chica aparentemente insignificante, sin padres, sin apellido, sin prestigio ni abolengos, pero destinada por el cielo para llegar a ser reina, y salvar a su pueblo de las manos de un tirano (Ester 7).

¿Qué podemos decir ante esto? ¡Dios usa a quien Él desee usar!

No permitas que tu pasado jamás determine tu futuro. No tienes que vivir atado a tus errores como quien camina marcado por la desgracia de un mal episodio.

El cielo está lleno de personas como tú y como yo, imperfectas, pero transformadas mediante el poder de su luz. Dios anhela hacernos promotores de cambios positivos. Decídete a darle sentido a tus días; entrega tu corazón por completo a los pies del Padre. Él te guiará por el camino que debes andar. ¡No desperdicies tus días mirando atrás, vive el hoy y el ahora, porque el cielo anda buscando soldados de luz como tú!

"Lo que somos, es el regalo de Dios para nosotros. En lo que nos convertimos, es el regalo de nosotros para Dios", dijo Eleanor Powell.

35

Vive hoy como si fuera el último de tus días

L uego de haber recorrido cada uno de los temas que te he presentado en este libro, espero hayas podido ir expandiendo tu visión sobre la clase de vida que Dios desea darte.

Cada uno de los temas que componen este escrito tiene la intención de retarte, motivarte e inspirarte a vivir más y a vivir mejor. Sobre todas las cosas, quiero presentarte el desafío de vivir hoy como si fuera el último de tus días, todos los días, hasta que el Eterno te llame a su presencia.

He descubierto que esta es la llave que abre la puerta hacia una vida más abundante y cuantiosa. Si vivimos todos los días de nuestra existencia con la intensidad de conciencia de que podría ser el último, te aseguro que nuestra vida cambiaría radicalmente. Abrazaríamos más y discutiríamos menos, diríamos "te amo" más frecuentemente, y seríamos más gentiles con el prójimo, sin lugar a dudas.

El hecho de que damos por sentado que mañana abriremos los ojos una vez más, en ocasiones nos lleva a procrastinar. La tendencia a retrasar las cosas y a dejarlas para después, "cuando haya tiempo" o "cuando sea el momento correcto", puede ser nuestra peor enemiga.

"Vive como si fueras a morir mañana. Aprende como si fueras a vivir siempre".

– Mahatma Gandhi

Un día, durante las últimas semanas de mi padre sobre la tierra me dijo las siguientes palabras:

"Hijo, estoy listo para morir, porque me siento vacío. Todo lo que tenía asignado a hacer sobre la tierra lo hice. Cuidé de mi esposa y mi familia, mis hijos todos hoy sirven en algún ministerio. Cuidé de mi iglesia, prediqué todo lo que pude, y hoy me siento listo para mi graduación".

Estas palabras marcaron mi vida, pues me hicieron comprender que los hijos de Dios no nos iremos de este mundo hasta que el plan del Padre se haya consumado en nosotros. Mientras haya propósito sobre ti, habrá vida, y Dios añadirá tiempo a tu reloj. Solamente cuando hayas completado tu misión celestial en esta tierra, serás llamado al descanso.

Así que mientras estés en la tierra de los vivos, esta es mi exhortación:

Vive, sueña, crea, llora, ríe, siente, no te reprimas. Deja que la naturaleza creativa del cielo depositada en ti se manifieste día a día, todos los días.

- Atrévete a vivir, no solamente a existir.

- Decídete a respirar tan profundamente que puedas escuchar los latidos de tu corazón.

- Deja ir el miedo y las inseguridades.

- Despréndete del exceso de equipaje, y aligera tus cargas; entrégaselas al Todopoderoso.

- Celebra la vida, goza, danza. Atrévete a cantar aun debajo de la tormenta más torrencial, sabiendo que después de la tempestad, el sol siempre vuelve a brillar.

Es mi oración que una vez hayas culminado esta lectura, puedas hacer el siguiente ejercicio todos los días. Te invito a que te pares frente al espejo, y con mucha energía hagas esta declaración de fe libertadora en el dulce nombre Jesús:

HOY SERÁ EL MEJOR DÍA DE MI VIDA por encima de todas las circunstancias, porque Dios me ha dado un día más. Este día es para mostrarle al mundo sus maravillas. Soy todo lo que Dios ha dicho que soy. Soy la luz de este mundo, y soy más que vencedor en Él. Tengo acceso a todos los beneficios del cielo por medio de la Palabra de Dios. No tengo temor al mañana porque mi futuro está escondido en las manos del Eterno. No seré vencido de lo malo nunca, sino que venceré el mal con el bien. Soy un soldado del reino de la luz de Cristo. Mi vida fue creada para buenas obras.

¡Hoy viviré y viviré más!

Espero que este libro que escribí con mi corazón y mi espíritu, te haya inspirado a vivir más y mejor. Te hablo ahora en el lenguaje de la música, facilitándote, a modo de cancionero, las letras de los temas incluidos en Vive Más+, mi nueva producción discográfica. Cántalas, alaba al Señor con ellos, apréndelas, anímate con sus mensajes que celebran la vida en Dios, y ¡Vive Más+!

Celebrar

Autores: Heglyson Levi Lima Silveira
y Emmanuel Goes Boavista

Goza, danza y ríe sin parar
Canta bien fuerte, aunque la lluvia te sorprenda
Mírate al espejo y di puedo ganar
Quieres saber.... tu vida va a triunfar.

Aparte un día entero para usted
Lea un libro, vea TV
Sonríe, alégrale la vida a alguien
Despierta que tus sueños podrás ver.

Celebrar
Como si mañana el mundo fuese a acabar
Tantas cosas buenas que la vida te da
Un pensamiento alegre hace tu vida cambiar.

Acostúmbrate a la felicidad
Vive tu vida sin temor al qué dirán.

Vive al máximo

Autora: Clivia Odette Correa

Amanece un nuevo día
Escucho mi corazón
Palpitando en mi pecho
Tus detalles en el cielo
En mi respiración
Evidencia de que existes
Que has hecho todo lo que puedo ver
Me dices no hay por qué temer.

Vive más, que la vida es un regalo del cielo para disfrutar
Vive más, hoy tus sueños y tus metas los puedes alcanzar
Vive más, vive al máximo.

Hoy regala una sonrisa, un abrazo, una flor
Aunque no tengas motivos
Agradece cada día el poder disfrutar de Dios y sus misericordias
que has hecho todo lo que puedo ver
me dices no hay por qué temer.

No te olvides que en el cielo está tu Creador quien te cuida y te protege.

Será por eso que

Autor: Cristian Gastou

*Cuando el río de la vida
me arrebataba la esperanza
irrumpiste Tú.
Devolviéndome los sueños
soy nuevo desde los cimientos
me diste ganas de vivir
de mi ser te has hecho dueño
el centro de mi universo.*

*Será por eso que te amo más que a nada
más que al cielo, al sol y todas las estrellas
te amo más que al mar que me observó nacer*

*Será por eso que,
te amo más que al mundo y todas sus riquezas
Desperté a tu gran amor
será por eso que
te amo, Dios. ¿Será por eso?*

*O por que fuiste a aquella cruz
sin que yo lo mereciera, a morir por mí...
o porque te has vuelto la esencia
de lo que es para mí... vivir
de mi ser te has hecho dueño
el centro de mi universo.*

*Me niego a mí mismo y encuentro el valor todas tus promesas
Me rindo en tu presencia para conquistar la cima de mi vida
Las olas no me asustan y no hay huracán que pueda detenerme
en tu nombre Jesús encuentro la esperanza.*

Hoy es un nuevo día

Autor: Pedro Miguel

Porque hay que poner las cosas siempre en la balanza
Porque hay gente que te llega y gente que se marcha
Porque el tiempo corre y va dejando huellas
Pero la vida pasa.

Y aunque el mundo vende la desesperanza
Y se inundan las sonrisas en un mar de lágrimas
No es bastante una canción para cambiar el mundo
Pero esta es mi palabra.

Hoy es un nuevo día, ayer es mi pasado,
porque hoy es mi presente daré más de lo que he dado
Hoy es un nuevo día, no importa qué hubo malo
Renovaré mis fuerzas y a partir de hoy
seré un mejor ser humano.

En las cosas imposibles

Autor: Isaí Canales

En las cosas imposibles cuando nada puedo hacer
En tus manos dejo todo
Porque sé que vas a hacer
Maravillas y milagros sé que van a suceder
y yo solo lo que tengo es que creer.

CORO
En las cosas imposibles es cuando te veo actuar
Me levanto en fe creyendo que se hará tu voluntad
en las cosas imposibles es cuando tengo que creer
que tú tienes el control y el poder.

En las cosas imposibles cuando ya no puedo más
Tú pronuncias la Palabra y los cielos se abrirán
En las cosas imposibles tú manifiestas tu poder
y yo solo lo que tengo es que creer.

Tú eres

Autor: Cristian Gastou

Luché en mil batallas
y aunque caí, volví a luchar
mil veces más
siempre me levantaba.

Reconocí que hay algo más
y que mis fuerzas recibí
de alguien más
entonces te buscaba
y por fin pude ver
¡todo el tiempo fuiste tú!

Tú eres la esperanza
eres mi fe
tú eres en mi vida manantial
tú eres ese sueño que soñé
y del que no me quería despertar.

Tú eres el refugio que encontré
tú eres el cimiento de mi paz
Jesús, tú llenas todo lo que soy
¡el centro de mi vida eres Tú!

Tú me cambiaste el corazón
y me diste vida, siempre estás aquí
con amor me guías, eres mi Señor
¡yo puedo confiar en Ti!

Vamos a celebrar

Autores: Daniel Pena Vergara, Luis López Vergara,
Luis López Valls, Mariana Mirelman Nicastro,
Eduardo Diego Limón Olavarrieta,
Olmo Rodrigo Guerra Ancona

*Vamos a celebrar, un nuevo día viene por ahí
las buenas nuevas que están por llegar
del horizonte van a salir una vez más.*

*Vamos a celebrar, el gran amor que un día nos unió
y la esperanza que nos abrazó
y nuestros sueños que van a hacerse realidad.*

*Vamos a celebrar, por cada instante que la fe venció
por el milagro de escuchar tu voz
Porque somos la sal, la generación.*

*Todos unidos, somos la esperanza
y vamos a escribir una historia inolvidable.*

*Todos unidos, somos la esperanza
y vamos a escribir la historia.*

Referencias

Beneficios de respirar correctamente. (2015, December 31). Retrieved from belleza-y-bienestar,: **https://bitly.com/**

Biografia de Abraham Lincoln. Retrieved from **https://bitly.is/1g3AhR6**

Biografia de Benjamin Franklin. Retrieved from: **http://bit.ly/1J5DWql**

Biografia de Fridtjof Nansen. Retrieved from: **http://bit.ly/2aioAlb**

Biografia de Hermann Hesse. Retrieved from: **http://bit.ly/1ISDxYY**

Biografia de Martin Luther king. Retrieved from: **http://bit.ly/1kvL6ye**

Biografia de Pedro Calderón de la Barca. Retrieved from: **http://bit.ly/KmO87g**

Biografia de Walt Disney. Retrieved from: **http://bit.ly/2a2KoFJ**

Biografia de Winston Churchill. (1919). Retrieved from: **http://bit.ly/1z4YJcj**

Bisogno, K. (2013, September 11). 7 Beneficios de Sonreír que Probablemente Desconocías! - Naturísima. Retrieved from Problemas de Salud, **http://bit.ly/1QUBAoC**

Consumer, E. (2005, November 1). La risa: La ciencia lo avala: Reírse mejora la salud | Revista | EROSKI CONSUMER. Retrieved from: **http://bit.ly/29TsDYU**

Definicion de bullying. (2010, October 28). Retrieved from Bullying,: **http://bit.ly/1O1lhAk**

Definición de Amargura. Retrieved from: **http://bit.ly/2afmWbF**

Definición de bullying – Definicion.de. (2008). Retrieved from **http://definicion.de/bullying/**

Definición de fe – Definicion.de. (2008). Retrieved from **http://definicion.de/fe/**

Definición de gracia – Definicion.de. (2008). Retrieved from **http://definicion.de/gracia/**

Definición de Píxel. Retrieved from **http://www.definicionabc.com/tecnologia/pixel.php**

Fases del Duelo. (2011, June 11). Retrieved from Psicólogos en Madrid eu, **http://psicologosenmadrid.eu/fases-del-duelo/**

Frases de Nick Vujicic. (2016). Retrieved from FraseCelebre: **http://bit.ly/2afmHNL**

Frases de Paulo Coelho. (2015). Retrieved from: **http://bit.ly/1jue7aq**

Henry Ford Biography. Retrieved from Bio. **http://bit.ly/NXYnRs**

International, J. R. (2016). Jim Rohn biography. Retrieved from: **http://bit.ly/2ae5LpU**

Kaizen. (2015, June 7). Retrieved from Manufactura Inteligente: **http://bit.ly/1IXWeM8**

Kübler-Ross, E. (2016, July 20). ¿Cuáles son las Etapas del Duelo? Retrieved from Manejo del Duelo, **http://bit.ly/1Urluof**

Las mejores frases sobre la vida, escritas por grandes. (2011, May 25). Retrieved from: **http://bit.ly/2agP9Rd**

Martín, I. (2013, October 18). Tres consejos para perdonarse a uno mismo. Retrieved from Emociones, **http://bit.ly/2alVGtq**

Meilán, M. (2013, August 29). Consecuencias de Sentir Amargura de Manera habitual en tu Vida. Retrieved from Adelgazar, **http://bit.ly/2alVScc**

REFERENCIAS | **175**

Michán, M. (2011, October 6). "Ten el coraje de seguir a tu corazón y tu intuición", Steve Jobs y uno de los discursos más inspiradores que tendréis la oportunidad de escuchar. Retrieved from: **http://bit.ly/2a2LwJF**

Moya, A. A. 15 frases que te impulsarán a vivir la vida al máximo. Retrieved from Upsocl, **http://bit.ly/2aiqGHN**

Poemas de Jorge Manrique. Retrieved from WEBMASTER, **http://bit.ly/1POYPjG**

Publishers, S. (1991). Randi Gunther Ph.D. Retrieved from: **http://bit.ly/2ae6HdW**

Randi. (2014). Relationship expert and author of when love stumbles and relationship Saboteurs, Randi Gunther, Ph.D. Retrieved from: **http://bit.ly/2alVU3Q**

Sanz, E. (2015, April 20). G+J España C/ Áncora, 40. 28045 Madrid. España. . Retrieved from **http://bit.ly/IXUU2n**

Significado de bullying. Retrieved from **http://www.significados.com/bullying/**

Suárez, J. D. (2015, January 8). 10 frases para dejar ir tu pasado emocional. Retrieved from **http://bit.ly/2a2M3eG**

Vidas, B. Y. Biografia de Henry Ford. Retrieved from: **http://bit.ly/1Bt43Xr**

Walt Disney. Biografía. (1941). Retrieved from: **http://bit.ly/1VSXqc4**

WHO. (2014, January 27). Salud mental: Un estado de bienestar. Retrieved from World Health Organization, **http://bit.ly/1hqychl**

WHO. (2016, April 11). Salud mental: Fortalecer nuestra respuesta. Retrieved from World Health Organization, **http://bit.ly/1sg3QEh**

Wilkerson, D. (2013, March 21). World Challenge. Retrieved from: **http://bit.ly/2a2NqcY**

World Challenge. (2016, July 19). Retrieved from **https://www.worldchallenge.org/**

Retrieved From http://datoscuriosos.org/content/walt-disney-fue-despedido-de-un-peri%C3%B3dico-seg%C3%-BAn-ellos-por-falta-de-imaginaci%C3%B3n-e-ideas-origi Retrieved From: **http://bit.ly/2a0rr5Y**

Sobre el autor

Precedido de más de treinta años sirviendo al Señor como adorador y pastor, Benjamín Rivera lanza su primer libro, *Vive Más*.

El Pastor Benjamín fundó la Iglesia Vida Doral, en Florida, en el año 2004. La dejó establecida para regresar a Puerto Rico en el 2009 a pastorear la Iglesia Vida San Juan que su padre fundó en el 1974. En el año 2014 se trasladó a Orlando para ser uno de los pastores de la Iglesia Misión La Cosecha en Kissimmee, Florida. Ha fungido, además, como mentor de varios pastores e iglesias en Latinoamérica.

En el comienzo de su ministerio y durante más de una década, participó activamente en cruzadas evangelísticas por toda Latinoamérica con Yiye Ávila y Jorge Raschke.

Como exponente de música sacra, ha grabado dieciocho proyectos musicales en treinta años de carrera. Algunas de las canciones que se destacaron con él como solista son: Cuando te alabo; ¿Qué te pasa?; Días Mejores; Señor, estás aquí; Fe; Le llaman Jesús; Capaz de todo; y Libera tu corazón.

En 1999, Benjamín, en acuerdo con sus talentosos y ya reconocidos hermanos, Mike Rivera e Ismael [Flaco] Rivera, y Wiso Aponte (su cuñado) se unieron como banda y crearon La Tribu de Benjamín. Canciones como Polos opuestos, La gran tribulación y Dios es así, estuvieron posicionadas en los primeros lugares en toda Iberoamérica.

Benjamín Rivera, nacido en Puerto Rico, es hijo del conocido Pastor Benjamín Rivera Pérez, y María Indart Rodríguez. Él comparte su ministerio junto a su esposa Bernice Vélez, y sus dos hijas: Laura Camila y Paula Sofía.

Con 30 años de carrera, cientos de ciudades visitadas, miles de seguidores y numerosos premios recibidos, indiscutiblemente Benjamín Rivera es sinónimo de compromiso, calidad, conquista y carisma.

Benjamín Rivera
Vive Más Inc
1+ (954) 445.6744
benjaminrivera@mac.com

Redes Sociales:
twitter.com/benjaminrivera
facebook.com/benjaminrivera
youtube.com/benjaminriveramusic
instagram.com/benjaminriveramusic

Música:
itunes.com/benjaminrivera

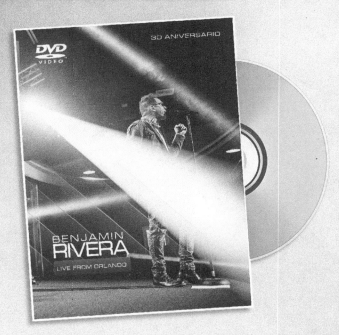